さすがに日本は、戦争なんてしないですよね!?

そもそも戦争ってなんですか?

監修 西谷修
東京外国語大学名誉教授

東京新聞

さすがに日本は、戦争なんてしないですよね!?

そもそも戦争ってなんですか?

監修 西谷修
東京外国語大学名誉教授

東京新聞

本書の登場人物

ウサもん

困ったときにスマートフォンの画面から飛び出し、疑問に答えてくれる対話型AIロボット。古今東西の人類の歴史に精通している。身長126cm。年齢・性別は不詳。

優花《ゆうか》

翔太《しょうた》

西谷《にしたに》 修《おさむ》

この本の監修者。戦争について長年研究し、考えつづけている学者さん。

プロローグ

翔太《しょうた》（以降）た、たいへんだよ！

優花《ゆうか》（以降）なになに、どうしたの？

見てよ、このテレビのニュース。戦闘機とか戦艦とか、めっちゃたくさん出てきてる……。もしかして戦争？　なにが起きてるんだろう。

どれどれ……。あ、これ訓練じゃん。

でも、日本が外国の軍隊と一緒にやってるみたいなんだけど……。

え、日本？　自衛隊がやってるってこと？

そうみたい……。そういえば最近やけに戦争のニュースが多くない？　僕、よくわかんないし、怖いからあんまり見ないようにしてるけど。いまって結構ヤバいのかな。

いやいや、日本は大丈夫でしょ。だって、憲法で戦争しないってことになってるし。

でも、いきなりほかの国が攻めてくるってこともあるんじゃ……。

大丈夫だって。さすがにいまの時代、戦争をはじめたら悲惨なことになるってみんなわかってるだろうし……。だよね？

でも、この訓練って戦争に備えるためなんじゃないの。ホントに戦争になっちゃったらどうしよう。

私だって戦争は嫌だけど。でもさ、ウチらにはどうにもできないじゃん。

ん？ ちょっと待って。このスマホ、画面がなんか点滅しはじめた……。

なにこれ。「ウサもんと話しますか？」って出てるけど。押してみよっか。えいっ！

わわっ！ ちょっと勝手に人のスマホ……。

ウサもん（以降→） お話の途中、失礼します。いまのお話を聞かせていただきました。おふたりは戦争の「そもそも」を知ったほうがいいかもしれませんね。

うわっ！ しゃべった！

申し遅れました。私は人類の学びをサポートするために開発された対話型のＡＩロボ、ウサもんと申します。私の中で日々更新されていく古今東西の知識をもとに、おしゃべりしながら学びを深めて

みませんか?

おしゃべり? こんな機能、このスマホにあったっけ?

最近の進化ってすごいね。じゃあ、さっそく聞くけど、いま日本ってヤバいの? 戦争になる?

いろんな論点はありますが、火種《ひだね》はいくつかあると言えるでしょう。

わ、ホントに答えた。え、火種があるってどういう意味?

さっき戦争の「そもそも」って言ったよね。私、そういえば戦争がどんなものなのかなんて考えたことなかったわ。

これまで考えずに過ごしてこられたのは、ある意味で幸せだったのかもしれません。ですが、世界は大きく動いています。いま存在している戦争の危険性を知ると同時に、戦争とはそもそもどんなものなのかを知っておくことが大切です。

たしかに、「戦争」ってフツーに言ってるけど、どこからが戦争なのか、なんでいつまでもなくならないのか、知らないことってたくさんあるかも……。

でも私、歴史とか国際情勢とかマジでわかってないんだけど、だいじょうぶ?

おふたりと話をしながら説明をしていきますので、どうぞご心配なく。では、さっそくいってみましょう。

監修の西谷修先生から

この本を手にしたみなさんは、戦争と聞いても「怖いけど、よくわからない」と感じているかもしれません。日本をとりまく世界情勢が揺れ動いているこの時代に、あらためて戦争について考えてみることは意味があるのではないでしょうか。人類の歴史をたどりながら、戦争がどのように起こり、また変化してきたかを一緒に学んでいきましょう。ウサもんと優花さん、翔太くんとの対話を読みながら、「人間にとって戦争がどういうものか」をぜひ考えてください。

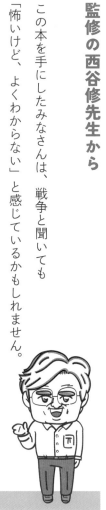

CONTENTS

第2章

そもそも戦争ってなんですか？

CONTENTS

第3章 戦争はどうして起きてきたの？

第4章

戦争は防げますか？

CONTENTS

第1章

ズバリ、日本が戦争に突入する可能性はありますか？

［知っておきたい戦争の危険性］

ねえねえ、じゃあウサもんになにから聞いていく？

さっき戦争の火種《ひだね》がいくつかあるって言ってたよね。

言ってた言ってた。火種はあるし、戦争中の国は終わる気配もないし、いまっていったいどうなっちゃってるんだろう……。

心配ですよねえ。

わっ、ウサもん！　急に入ってくるんだ。

世界の国々みんなが平和で友好的な関係を築けたらいいのですが、残念ながらそうもいきません。最初ですから、まずは「超かんたんモード」でいきましょう。

なにそれ？

気になることをなんでも聞いてください。私が簡潔にズバッと説明します。

わかりやすくってことね。じゃあニュースとかで見たことから聞いてみようかな。

※本章の問いの答えは第5章で詳述しています。そちらもあわせてお読みください。

Q 1

台《たい》湾《わん》有《ゆう》事《じ》って、なにが起きそうなの？

Answer

中国は、台湾は自国の一部だと主張しています。
中国がもし台湾に武力侵攻をすれば、
それを阻止《そし》したいアメリカと中国が
戦争になる可能性も出てきます。
そうなったときは、アメリカと同盟関係にある日本も、
戦争状態に置かれる可能性が極めて高いと考えられます。

くわしくは201ページへ

Q2

中国とアメリカは、どうして対立しているの？

Answer

中国の経済力・軍事力が伸びていることが大きいです。いま、アメリカだけでなく日本も含めたいろいろな国が、世界で勢力を増しつづける中国に対して、軍事的にも結束を固めつつあります。

↓くわしくは207ページへ

Q3

日本の尖《せん》閣《かく》諸《しょ》島《とう》周辺の海域に、どうして中国船が来ているの？

Answer

中国は、尖閣諸島は自分たちの領土だと主張しています。日本の領土である尖閣諸島は中国にとって軍事的に重要な位置にあり、自分たちがここを押さえられれば、とても都合がいいからです。

尖閣諸島は、石垣島と台湾からたった約１７０キロメートル、中国本土からは約３３０キロメートルの距離に位置しています。

↓くわしくは２１２ページへ

Q4

北朝鮮の核開発や日本海へのミサイル発射は、戦争をやるつもりだからなの？

Answer

自分たちの国家体制を維持したいからだと言われています。

ミサイルを威嚇《いかく》的に発射することによって、自国への経済制裁を緩和させるための交渉をうながしている、とも考えられています。

➀ くわしくは217ページへ

Q5

日米同盟があるから、「もしも」のときはアメリカが日本を守ってくれる？

Answer

アメリカ軍だけが日本を守るのではなく、国内防衛が役割の自衛隊も一緒に日本を防衛します。

くわしくは224ページへ

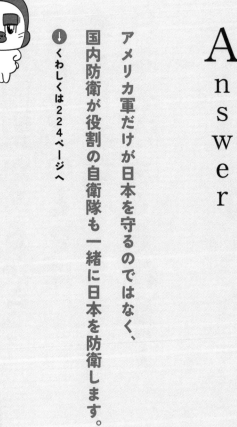

Q6

ロシアは、ウクライナにどうして侵攻したの？

Answer

かつてはソビエト社会主義共和国連邦（現ロシア）の一部であり、その後も国境を接しているウクライナが、アメリカやヨーロッパ側の勢力につく動きをロシアが警戒したからです。

ウクライナでは、すでに２０１４年からこのことで紛争（ロシアによるクリミア半島併合など）が起きていました。

くわしくは２３０ページへ

Q7

パレスチナとイスラエルが対立しているのはどうして？

Answer

いまから2000年ほど前、ローマ帝国にパレスチナの地から追い出されたユダヤ人が、19世紀後半にロシアや欧州で迫害を受けてパレスチナへ移民をはじめ、第二次世界大戦後にイスラエルを建国しました。それ以来、長らくパレスチナに住んできたアラブの人々とのあいだで戦争や対立が絶えません。2023年10月から、アラブ人が暮らすパレスチナ自治区・ガザ地区を事実上統治している武装組織ハマスと、イスラエルの軍が戦闘を続けています。

くわしくは236ページへ

第2章

そもそも戦争ってなんですか？

［戦争の定義］

いま、ほかの国との関係がうまくいってなかったり、実際に戦争になってる国もあって……いろんなことが起きてるんだよね。

でもさあ、戦争っていっても、なんかイメージわかなくない？

イメージ？

だから戦争っていえば、防空頭巾《ずきん》をかぶって逃げるとか、街が焼け野原になるとか、子どもが田舎《いなか》に疎開するとか、闇市《やみいち》とか……。そういう絵は浮かんでくるんだけど。

えっと、それ太平洋戦争のときの日本だよね。

でも正直、私のなかで戦争のイメージってそこで止まってるっていうか。あとは、いまだったら遠隔操作のドローンで攻撃するとか……？

まあ……、僕も似たようなものかも。

戦争って、そもそもどんな戦《たたか》いなんだろう？

よし、いろいろウサもんに聞いてみようよ。

狩《しゅ》猟《りょう》をしていた時代から
たしかに争いは
あったけど……。
人間はいつから
「戦争」をはじめたの？

戦争のはじまりって？

ねえねえ、映画『キングダム』観た⁉　戦闘シーンが超すごいの！　でも観終わってから思ったんだよねー。あれって要は戦争の話じゃん？　あんなに昔から戦争してたんだなあって。

僕、血が出たりする映画って苦手で……。キングダムは昔の中国の話だっけ？いつが舞台なの？

えーっと、紀元前だったかな。

紀元前⁉　そんな前かー。人間っていつから戦争するようになったんだろう。

武器ができてからとか？　じゃなくて軍？　うーん……。

ウサもん！　戦争っていつはじまったの？

武器を持ち組織で戦う「戦争」が紀元前にはすでに起きていた

古代ギリシャや中国の戦国時代を描いた映画では、迫力たっぷりの戦闘シーンがよく見られますね。紀元前の昔から、たくさんの人間が剣や槍《やり》などの武器を持って戦ってきました。ご質問の「人間はいつから戦争をしているか」ですが、人と人の争いという意味では、狩猟採集《しゅりょうさいしゅう》の時代にもあったでしょう。

狩猟採集ってことは、木の実をとったり、獲物を追いかけたりして暮らしてたんだよね。

そのとおり。いまから20万～30万年前、人間の直接の祖先とされるホモ・サピエンスが現れました。ホモ・サピエンスは言葉を使い、獲物をとるための道具を生み出し、狩猟採集生活を送っていたと考えられています。この時代にはすでに集団で暮らしていたので、相性の悪い相手もいたはずです。人間が初めて石を道具として使えることに気づいたとき、まず隣人を倒すことに使ったと言う動物行動学者もいます。木の実や動物など、食べものをめぐって集団と集団が争うこともあったかもしれません。ただ、こうした戦いはいってみれば喧嘩《けんか》のようなもので、まだ戦争と呼べる段階ではありません。

戦争に発展するのは、人間が農耕をはじめて、集団で定住をするようになってからです。麦や稲といった穀物は、収穫後に保存ができますよね。つまり農耕をするようになって、人間は命がけで獲物を探して生活しなくてもよくなったのです。そもそも人間には鋭い爪《つめ》や牙《きば》、強くて硬い皮膚があるわけでもありません。ほかの動物にくらべて弱い生き物です。そんな人間が自然の中で生きるのは、つねに命の危険と隣り合わせ。しかし穀物を保存していれば、命をつなぐことのできる食糧がいつもそばにあります。これは、人間にとって最初の「蓄積財産」と言えるものです。

すると、こんどはこの財産の管理や分配をめぐって、集団の中で力関係が生まれます。人間と人間のあいだに力関係ができるということは、どういうことだと思いますか？

強い者が弱い者を攻撃したり、争いのもとになるんじゃない？

もちろんそういう面もありますが、集団に一定の秩序が生まれたとも言えるのです。自然の中で、ただ生きるために目の前の相手と戦っていた時代から大きく変わりました。

ところが、人間が集団で穀物という財産を持つようになると、こんどはその財産を力ずくで奪おうとする別の組織が武装してやってきます。財産を奪われないよう、こちらも武装して応戦しなければなりません。みんなが武器をとって組織的に戦う——これが戦争であることの基本的な条件です。

そのうち技術が発達して、武器はより強力なものに変わり、飛び道具や火器も発達します。すると集団の守り方も戦い方も進歩していく。さらに戦いに何度も勝つような強い勢力が生まれ、周りを自分たちの勢力に取り込んで大きくなっていきます。紀元前9世紀から戦争で力をつけ、オリエント全域を最初に統一したアッシリア帝国などがそうですね。

戦争はこのようにはじまり、大きくなっていったのです。

戦争がそんなに大昔からあったなんて。なんだか絶望的な気分……。

西谷先生（以降→）ただ歴史的に見れば、戦争によって広域の秩序がつくられることで平和が築かれた、とも言えるんですよね。「帝国」というのは、もともとそうやってできたんです。また、西洋哲学には古代から「戦いは万物の父」という考えがありました。戦争をすると技術が発達し、それが次の新しい時代をつくっていくという考え方ですね。文学においても、もとをたどると戦争の話だというものが少なくありません。戦争から生み出された芸術もあるのです。

戦争が表現活動をうながすなんて意外！

かつて日本には、「戦争」という言葉は存在していなかった？

「戦争」と言いはじめたのはいつから？

僕、すごい発見をしちゃったんだけど……。戦争って、「戦う」に「争う」って書くでしょ。同じような言葉がふたつ並んで、「戦争」になってる！

なにそれ、当たり前じゃん！

でも、僕らフツーに「戦争」って言っているけど、これっていつからなの？

え？　戦争じたいは大昔からあったわけでしょ？

そうなんだけどさ、言い方の話。ほら、織田信長の時代とか……桶狭間《おけはざま》の戦いだっけ？　「戦争」って呼び方はしてないような……。

そうだっけ？

そうなんだよ。ちょっとウサもんに聞いてみようよ！　「戦争」って言葉は、いつ、どうやって生まれたの？

「戦争」とは、日本になかった「国と国の戦い」を意味する言葉

ズバリ、日本語の「戦争」という言葉は、明治時代に生み出された特殊な翻訳語です。

翻訳語？　なにそれ？

日本は幕末に開国しますが、それまで日本になかった新しい考え方が西洋諸国からたくさん入ってきました。そして明治になると日本は西洋に追いつくため、西洋の技術や制度を取り入れようとします。しかし、もともと日本にないものは、それに当てはまる日本語がありません。そこで漢字を当ててあらたな言葉をつくっていたのです。それが翻訳語です。もちろん、それらを外国語のまま使うという方法もあります。ただ、日本に西洋の価値観や世界観をしっかり広めるためには、外国語のままではなく、日本語にする必要があったのです。こうして翻訳語として「社会」「文化」「自由」「権利」「哲学」といった言葉がつくられました。「戦争」もこれらと同じ造語です。

戦争って英語だと「WAR《ウォー》」だよね。それに当てはまる言葉がなかったんだ。

ちょっと待って！　日本は戦国時代があったじゃん！　武士もいたし。戦ってたでしょ。

もちろん日本にそれまで争いがなかったわけではありません。それは「戦争」ではなく、一般的に「戦《いくさ》」や「合戦《かっせん》」と呼ばれていました。どういう戦いなのかは、「役《えき》」「乱《らん》」「変《へん》」といった言葉で区別して使われていました。参考に、それぞれの意味もお伝えしますね。

役…中央の権力に従わない勢力を平定するとき。中央の権力が人民を徴用して対応することになるので、人民に課すという意味で「役」が使われた

乱…中央の権力抗争が起きて、国内が乱れている状況

変…クーデターや政変を狙った事件が起きたとき

あ、これって日本の中での争いだよね。

そのとおり。「役」「乱」「変」はほとんどの場合、国内での争いごとを指した表現です。西南《せいなん》の役、応仁《おうにん》の乱、本能寺の変など聞いたことがありませんか？　日本は国ができて以来、

あまり外との戦いを経験してこなかった。そもそも島国ですから、鎌倉時代の元寇《げんこう》をのぞけば、他国から侵攻を受けることもありませんでした。

ところがヨーロッパでは事情がちがいます。多くは陸続きだから、領土をめぐって昔から国どうしが戦いをくり返してきた。だから、英語の「WAR」やドイツ語の「KRIEG《クリーク》」は、国境を接した国と国の戦いを意味しているのです。

海に囲まれた日本では、それを訳す適当な日本語がもともとなかった。もっともなことですね。そこで、世界と肩を並べる近代国家をめざしていた日本は、それまで存在しなかった「国と国の争い」を「戦争」と呼ぶことにした。つまり、「戦争」において主体となるのは日本という「国」であり、国内の反乱や内戦は含まれません。国がやるかやらないかを決めるもの、それが戦争ということになります。

ちなみに、日本で実際に戦争という言葉が使われるようになったのは、日清戦争（1894年）から。つまりこれが、日本で最初の対外戦争ということになります。

あれ？　でも「戊辰《ぼしん》戦争」ってなかったっけ？　江戸時代が明治に変わるときの戦いだったような。戦争という言葉が生まれる前なんじゃ？

戊辰戦争は、当時「戊辰の役」と言われていて、あとから「戦争」という言葉に置きかわったようです。「戦争」という言葉は国家間戦争を表す翻訳語なのですが、しだいに抽象化され、いろいろなところで応用が利く言葉になりました。

「受験戦争」とか言うもんね。いろんなところで使われるようになっていったんだ。

日常で人を
殺せば犯罪者。
戦争では、人を殺しても
ほんとうに
罪にならないの？

人殺しはダメなはずだけど……

ねえねえ、人殺しって犯罪だよね。普通は捕まるよね。

そりゃそうよ。人殺しなんて、めちゃくちゃ罪が重いんだから。

でも、戦場だったら敵を殺しても捕まらないんだよね。それって変じゃない？

えー？　でも戦争なんだから、敵を殺さなきゃ勝てないじゃん。

でも、戦争では殺していいけど、戦争が終わったらまた犯罪になるの？

え？　うーん。そう言われてみれば……。

ウサもん！　これってどういうこと？　人殺しはいけないことなんだよね？

非常時に解禁される暴力

人間が人間を殺すことは、法律で禁止されています。世界でも理由を問わずほとんどの国で殺人は重い罪です。そしてたとえ法律がなかったとしても、昔から人間社会では

「おたがいに殺さない」という暗黙の了解があります。その了解があるから人間社会は成立しているのです。集団の中で殺人をする者がいれば、共同体が罰することになるでしょう。ところが戦争になると、敵を倒しても人殺しだと非難されることはありません。

どうしてそんなことになるのか、よくわからないんだけど……。

それは戦争が、平時とはちがう「非常時」だからです。そもそも人間は、「暴力性」を備えた生き物であり、昔から当たり前のように戦ってきました。獲物を手に入れるために戦い、隣人と喧嘩やいさかいも起こしてきました。けれど平時には、殺人は「してはならない」とされ、暴力性は抑えられています。ところが戦争によって平時の状態が破られると、人間にひそむ暴力性があふれ出すのです。

じつは非常時であることは、一人ひとりの人間を「興奮」させます。敵がやってきて危険が迫っている……やるしかないのか!?　その興奮が、日ごろは抑え込まれている人間の暴力性を呼び起こすというわけです。ちなみに、非常時に人間が感じる興奮は、他者を加害することに向けられるだけではありません。自分が犠牲になるかもしれないという不安や恐怖とも結びついた興奮です。このような非常時は「例外状態」とも呼ばれます。例外状態になると、こうした興奮のもと暴力が解禁されるのです。つまり戦争の原型は、破壊と人殺しであるともいえます。

ほんとに非常時には人間が誰でも殺しちゃう殺人鬼みたいになっちゃうの？

一応、文明が進歩すると人間は野蛮さを嫌うようになると言われます。文明の進歩によって「人間らしくあること」への意識が芽生え、戦争においても残虐行為や捕虜《ほりょ》虐待《ぎゃくたい》といった非人道的な行為は禁止しようというルールができました。殺人が解禁されるといっても、なにをしても許されるというわけではないのですね。

そっか……。やっぱり犠牲になる人はひとりでもいないほうがいいよね。みんながそう思ってるってことか。

そうとも言い切れません。一度解禁された暴力はそう簡単に制御することはできないのです。とくに、時代が進むにつれてテクノロジーが発達すると、兵器の破壊力も格段に高まります。となれば、戦争はより大規模に、被害はより大きくなります。戦争による「殺人」の数もケタちがいに増えていきます。もはや人を殺していることに無感覚になり、人殺しは単なる「数」になってしまう。ここまで来てしまうと「人殺しはいけない」という感覚はかすんでしまっているでしょう。

破壊と人殺しという戦争の本質は、文明が進歩しても変わらないのです。

興奮状態になるから、人を殺すことへの抵抗も消えちゃうのか……。

戦争において人殺しは非難されないばかりか、たくさん敵を倒すほど「英雄」とたたえられます。自分が犠牲になるかもしれない危険を冒《おか》して、暴力に身を捧げ、敵をたくさん倒す。まわりの人は、そんな姿を見て、恐れながらも崇《あが》めます。戦争は英雄の生まれる舞台でもあったのですね。

たくさん人を殺していても、殺人犯じゃなくて英雄になっちゃうのが戦争なのか……。

戦争は一度はじめたら、
簡単には終われない。
破壊そのものが目的と
なってしまう?

戦争の勝ち負けって
いったいどこで決まる？

ねえねえ、スポーツの勝ち負けはわかりやすいじゃない？　先に何点取ったほうが勝ちって決まってたりするし。でも戦争の勝ち負けってどうやって決まるんだろ。

えーと、まず敵が降参すれば戦争は終わるよね。だから相手によりたくさんのダメージをあたえたほうが勝つんじゃない？

でも、もし相手が降参しなかったらどうなるんだろ？

うーん、そしたらずっと戦争が続くのかなあ……。

お話の途中で失礼します。そのことについて考えた人がいるんですよ。クラウゼヴィッツという人です。

ク、クラ……え、誰？

戦争で暴力が無限に拡大することを発見したクラウゼヴィッツ

クラウゼヴィッツは、戦争とはどんなものかをさまざまな角度から考え、『戦争論』という本を書いたプロイセン王国（ドイツ北東部にあった王国）の陸軍将校です。1780年生まれで10代半ばから従軍し、フランス革命後の対仏同盟戦争やナポレオン戦争を見てきました。『戦争論』はその経験にもとづいて書かれています。

クラウゼヴィッツはその本の中で、「戦争とは、異なる手段をもってする政治の継続にほかならない」と書いています。つまり戦争とは外交のひとつの形であって、当事者の交渉がうまくいかず、それでも自分の意見を相手に押し通そうとすること、それが戦争だと定義しました。政治的にやりたいことを実現するために、外交をいったん中断して武力を発動させるということですね。

クラウゼヴィッツは、戦争はあくまで政治の目的を達成させるためにとる手段のひとつだと考えました。だからその目的が達成されれば終わります。あるいは達成されなくても、おたがいに条件で合意できれば終わりです。戦争は政治の延長線上にあり、政治よりも下に置かれているという考え方ですね。

でも、これまで戦争ですんなり目的を達成できたことなんてないような……。

そうなのです。この話には続きがあって、クラウゼヴィッツは戦争に「独自の論理」があることを発見しました。シンプルに考えると、戦争に勝つためには敵よりたくさんの兵士を殺す必要がありますよね。おたがいが相手の攻撃以上の攻撃を加えるのです。このとき味方の被害を恐れれば、劣勢に立つことになります。でも、犠牲をいとわず戦う姿勢を示せば相手よりも優位に立てます。

このようにおたがいに立ち向かう姿勢を示しつづけるかぎり、暴力は無限に競《せ》り上がりつづけます。そのうち政治目的まで超えて、暴力が拡大してしまうのです。

え！　それじゃ意味ないじゃん！　なんでそうなるの？

たとえば、なにかに夢中になっているうちに、どうしてそれをはじめたのか忘れてしまうといった経験はありませんか？

あ、あるある！　昨日もちょっと気分転換のつもりでゲームはじめたら、半日経ってたし。

人間にはそういう没入《ぼつにゅう》のメカニズムがあります。これは動物の闘争本能にも関係しているといわれています。戦争の場合、最初に「政治目的」があり、それを押し通そうとして戦争になったわけですよね。しかし攻撃をし合うなかで、攻撃がエスカレートして破壊そのものが目的になっていくのです。これが戦争に内在する論理だということです。

ただクラウゼヴィッツは、これは理屈の話であって、実際にそのようなことは起こらないだろうと考えていました。現実の戦争では、味方の損害と得られる成果とを天秤《てんびん》にかけ、適当なところで終結するだろうと。戦争はあくまで政治の一手段と考えていたのです。

でも、現実はそうじゃないよね？　ほら、日本も焼け野原になったし、最後は原爆まで落とされてるし……。あきらかに限度を超えちゃってるよね。クラウゼヴィッツは間違ってたの？

たしかに、2度の世界大戦はまさに、敵を破壊しつくすまでおこなわれた「戦争のための戦争」だったと言われます。ただ、クラウゼヴィッツは第一次世界大戦より前に亡くなっています。その現実を見る前に、戦争にはそういう兆候があると見抜いていたということです。

クラウゼヴィッツが思い描いたのは、国家を主体とする政治の延長としての戦争でした。しかし、第一次世界大戦で、戦争はもはや政治では制御できなくなりました。クラウゼヴィッツの戦争論を、現実が超えてしまったのです。

ちなみに、第一次世界大戦を経験したドイツの軍人ルーデンドルフは、「第一次大戦により戦争の質は変化した。クラウゼヴィッツでは読み解けない」と言っています。世界大戦では、ヒト、カネ、モノ、すべてをつぎ込んで戦争がおこなわれました。ルーデンドルフは『総力戦』という本を書き、クラウゼヴィッツの言ったことを反転して、戦争は政治の一手段なのではなく、逆に政治（外交）が戦争の手段なのだと言っています。

戦争になれば、当初の政治目的を超えておたがいの破壊力が極限にまで上昇していきます。こうした戦争の論理のことを、クラウゼヴィッツは「純粋戦争」や「絶対戦争」と呼びました。

「純粋」と「戦争」……言葉のギャップがすごい。

「純粋」とは、「戦争そのもの」が露出するという意味ですね。

クラウゼヴィッツが「まさか起きないだろう」と考えていたことが、現実になってしまったんですね。

人類共通の願いは
「平和」のはずなのに、
戦争がやまないのは
どうして？
自衛？ 正義？ 利害？

誰もが平和を願っている？

テレビで戦争のニュースを見てたら、悲しくなっちゃった。戦争していいことなんてひとつもないよね。

そりゃあ戦争がはじまって「いいぞ、もっとやれ」なんて思う人いないでしょ。

「平和がいい」って、誰でも思うはずだよね。でも昔からずーっと戦争してるってどういうこと？

横から失礼します。そもそもの大前提として、現代では国際的に戦争は原則禁止です。

なんだ、ちゃんと禁止されてんじゃん！　って、じゃあなんでまだ戦争してるの？

ますますわかんない！

じつは、「戦争が必要だ」と思ってしまうカラクリがあるのですよ。

え？　どういうこと？

戦争は正当化される

まず、現代では戦争をすることは原則禁止されていますが、そう掲げているのは国連です。国連に加盟している国の権利や義務が「国際連合憲章」で定められているのですが、第2条で次のように書かれています。

> すべての加盟国は、その国際紛争を平和的手段によって国際の平和及び安全並びに正義を危くしないように解決しなければならない。
>
> すべての加盟国は、その国際関係において、武力による威嚇《いかく》又は武力の行使を、いかなる国の領土保全又は政治的独立に対するものも、また、国際連合の目的と両立しない他のいかなる方法によるものも慎まなければならない。

ちょっと言葉がわかりにくいかもしれませんが、要するに、ほかの国に対して武力で攻撃したり、威嚇することは原則的にすべて禁止されているということです。つまり戦争は原則禁止。これは国連加盟国だけでなく世界じゅうの国が守るべきルールとされています。

戦争はやめようってことになってるんだ。じゃあ、なんでまだ戦争してるの？

その前におふたりは、戦争はしてはならないものと当たり前に思っているようですが、それは20世紀に入ってからの考え方です。昔から「戦争＝悪」と考えられていたわけではありません。むしろ戦争をするのは国家の権利であって、個人も戦争で手柄を立てることは名誉なことだと考えられていました。現在のように、戦争はすべきではないとの考えが広まったのは、第一次世界大戦の後からです。

では、どうしてそのように変化したのかというと、それだけ被害が大きかったからですね。それまでも、戦争をすることで町は破壊されるし、犠牲者が出ていたけれど、第一次世界大戦はそれらの比ではありませんでした。とくに戦場となったドイツやフランスなどは、身近に死者や負傷者がたくさん出ました。繁栄していた文明世界が破綻した、そんな思いが生じるようになります。

戦争否定の次の波は、第二次世界大戦後です。あまりに戦争の規模が大きくなり、ナチスによるユダヤ人大虐殺や広島と長崎の原爆投下と、破壊や殺戮《さつりく》に歯止めがきかなくなりました。その反省から、この戦争以降「戦争は原則禁止」となり、世界で「戦争は悪だ」という価値観が共有されるようになります。

ただし、原則というところがポイントで、禁止されたのは、自衛のための戦争「以外」だけ。つまり、自分たちの国が攻撃されれば反撃してもいい。自衛のための戦争ならしてもいいということになります。戦争をしたい国にとっては、自衛が抜け道になりますね。ところで、「正義の戦争」という言葉を聞いたことがありませんか？

正義の戦争？　なんだか急にヒーローっぽい言い方だね……。

自衛のためといっても、犠牲を強いられるのは誰だって嫌でしょう。国も、国民に犠牲を強いるためには、それを納得させる理由が必要だとわかっています。だから戦争に納得してもらうため、それなりの「正義」を立てて、「この戦争は必要だ」と思わせるのです。たとえば、「国際法秩序が脅《おびや》かされているから、自分たちが立ち上がらなくては」「侵略から守るためには、戦わなければ」などと、「正義のための理由」をつくるのです。そうすれば「戦争は悪」の価値観があったとしても、戦争を正当化することができるというわけです。

正義の戦争って聞こえはいいけど、その実態は「破壊と殺戮」だもんね……。

平和への思いがあっても、結果的に戦争の拡大に加担してしまうこともあります。たとえば、有名な理論物理学者のアインシュタインもそうです。アインシュタインは、第一次世界大戦の経験で科学技術が戦争を拡大させることに気づいていたと思います。実際に、まわりの知識人にどうしたら戦争をやめられるかを問いかけています。ただ、彼はユダヤ人で、ナチス・ドイツのユダヤ人殲滅《せんめつ》計画を知り、ナチスを打倒するために、原爆開発をアメリカに提言したのです。

正義っていっても、どう転ぶかわからないものなんだ……。

私は戦争なんて
したくない。
はじまっても関わらない。
それじゃあダメ？

戦争になっても「自分は関係ない！」と言える？

国と国が戦争したら、当たり前だけどおたがい敵どうしになるんだよね。でもさあ、べつに一人ひとりに恨《うら》みはないわけじゃん？

まあ、個人的に喧嘩したわけじゃないしね……。

だからどこの国と戦争になったとしても、それって勝手に国が決めたことで、私には関係なくない？

うーん、でもそう言ってられるのかなあ……。

だって、私、べつに国を背負って生きてる意識もないし。戦争には染まらない自信がある！

ウサもん、そのへんってどうなの？

非常時に生まれる高揚感

みなさんは顔もちがえば名前もちがう、考えることもちがう、バラバラの個人です。平時であれば、そんないろんな人間がそれぞれ気ままに生活をすることができるでしょう。しかし、ひとたび戦争となれば、まるで鉄の粉が磁石にくっつくかのように、社会は一時的に戦争というひとつの目的に向かってまとめられることになります。そして、戦争をする相手国と敵対関係になるわけですが、その国の誰かと個人的に仲良くしていたとしても、戦争では強制的に分離されます。それは戦場で戦う兵士にとってだけではなく、一般の人々にとっても同じことです。

　国が戦争をすれば、その国の人々はいやおうなく「動員」されます。国が戦うには、人もモノも精神も、持てる力を結集しなければなりません。いくら個人は自由とはいっても、生活は戦時体制に切り替わり、個人は国の管理下に置かれます。個人よりも圧倒的に全体のほうに価値が置かれるのが、戦争の特徴なのです。

でも、さすがに個人の気持ちは自由でしょ。私、戦争には染まらないから！

はたしてそう言っていられるかどうか……。戦争は、世の中や人々のあいだに一体感をもたらすものです。これは強制力だけによるものではありません。国がそのように仕向ける部分もあるのですが、非常時独特の高揚感というものがあり、そこにみずから取り込まれてしまうリスクが大きいのです。

そういえば太平洋戦争でも、開戦のときって国内がものすごい歓迎ムードだったらしいよね。

ひとたび戦争になれば、当然ながら戦死者が出ます。しかしそのような一人ひとりの死でさえ、集団を存続させるための犠牲だとして特別な意味をあたえられ、集団の結束をますます強めてしまいかねません。ちまたには人々の不安を打ち消すように、力強く勇ましいメッセージがあふれ出します。高揚感が疑念や恐怖を押しのけ、お国のために犠牲になるのが立派なことだという意識が浸透していく――そんな道筋を日本もたどってきたのです。

　ふだんの生活では、国家を意識しながら過ごすこともないでしょう。でも戦争になれば、みなさんは国家の一部なのだと気づかされることになるのです。

国の一部とか、そんな部品みたいなの絶対イヤなんだけど……。

ただ、集団に統合されるのは悪いことばかりではありません。昔から人は集団をつくって、集団の中で生きてきましたよね。集団の中にいれば、個を超えた大きなプラスの力を発揮できる、ということもあるのです。運用のしかたさえ間違えなければ、ですが。

仲間と一緒になにかをするとき、いつも以上に力を出せることって、まあたしかにあるよね。でも、その力を戦争に使うとなると考えちゃうな……。

そういう意味では、戦争では一人ひとりの生が大きな意味を持たなくなります。一人ひとりは死んでも、集団が生き延びられればよし、となるからです。

　戦争は、日常の中のあらゆる人を「運命共同体」に組み入れようとします。もしこの一体化に従わない人がいれば、共通の敵として抑圧され、排除されることになります。ちなみにこれは、権力が無理やり排除するわけではありません。同じ立場の市民が、集団から異分子が出ないように監視し合うようなことが起こります。集団の力が統合されて同じ方向に向かいはじめたら、少数の意見や反対でそれを抑えるのは簡単ではないでしょう。

そもそも人間というものは、はじめから集団的存在だと言えます。だからこの世には言葉があるし、人間という種が存続できてきました。ですが、それが悪い方向に向かって、すべてを巻き添えにしてしまうのが戦争なのです。

学校でも会社でも、集団になるとたいてい同調圧力が生まれるよね……。その究極が戦争なのかもしれない。

私、あの空気ってホントに苦手なんだけど。そうなると、戦争になる前に国がなにをするかが大事ってことだよね。

いま起きている
戦争は、「国と国の戦い」
だけじゃない。テロリスト
撲《ぼく》滅《めつ》も「戦争」なの？

戦争の定義が変わってきた

私、決めた！　それでも戦争になったらソッコーで逃げる！

ほかの国で暮らすってこと？

戦争に巻き込まれるとか、絶対ヤなんだもん！　マジで勘弁だわ。

でもほら、仕事とか……。

それどころじゃないでしょ。そうだ、新しいキャリーバッグも買っとこう。

優花さん、口をはさむようですが、すでに世界じゅうが戦争状態ですよ。

だから戦争してない国に行くの！　って、いまなんて言った？

戦争の定義は変わりました。いつどこで攻撃があるか誰にも予測できないのです。

ど、どういうこと!?

釣り合いの取れない「非対称」な戦争

これまで人々は国と国との戦争を想定していました。つまり、主権国家どうしの戦争です。

えーと、主権国家ってなんだっけ？

簡単に言えば独立国のことですね。次の条件を満たす国ということになります。

1 明確な領土がある
2 つねにその国に属する人々（国民）がいる
3 中心となる権力（主権）があり、統治されている

世界がこのようにはっきりと区分される状態になったのは、17世紀半ばのヨーロッパでのことです。以来、戦争は国と国のあいだでおこなうものとされてきました。

しかし、現在では国と国との戦争に加え、国が武装集団を相手に戦うことも「戦争」で

あるとされています。これまでの戦争の定義を変える、新しい戦争です。

きっかけは、2001年9月11日に発生したアメリカ同時多発テロ事件です。事件の実行犯に対して、アメリカは自国への攻撃とみなして軍を動かし、応戦することを選びました。ブッシュ大統領（当時）は「これは戦争だ」と宣言し、犯行の首謀者とされるテロ組織「アルカイダ」の指導者ビンラディンを殺害しようとします。そして、ビンラディンをかくまったとして、アフガニスタンを統治していたイスラム組織「タリバン」を攻撃しました。

以前から過激派やゲリラなどの武装集団による攻撃はあり、国がそれに対して武力で対応することもありましたが、それらはあくまで戦争より下の武力行使でした。それがこの9・11を契機に、テロリストを相手に武力を行使することが、戦争に「格上げ」されたのです。

そもそも、テロリストがよくわからないんだけど、どういう人たちなの？

テロリストという用語には、正確な定義はありません。言葉としてはフランス革命の時代に生まれましたが、現在は、政治的な主義主張などにもとづいて爆弾をしかけたり、無差別殺傷をする犯罪者について使われます。テロリストは実態が明らかになっていないことが多く、集団の場合でも全体の指導者や本部が存在しないなど、体系化された組織で

ないケースもあります。そもそも集団ではなく、個人の場合もある。そしてテロリストは領土を持っていません。テロリストと戦争をするといっても、国境で敵と味方が分かれて戦うことにはならないのです。

うーん、なんだか国と同じ土俵に上がるのが変な感じがするというか……。犯罪者との戦争ってことでしょ？　なんかちぐはぐな感じ……。

たしかに。国と国が戦争をする場合は、当事者が国どうしなので関係は対称的でした。それにくらべると国家ではない相手と戦うのは非対称的だということで、この戦争を「非対称戦争」と呼ぶアメリカの政治学者もいます。

　この戦争では、世界じゅうどこでも戦場となりえます。テロリストはどんな姿をしていて、どこにいるか、はっきりとわかりませんから、平時と非常時の区別がとてもあいまいになる。宣戦布告がなくても、テロリストの攻撃があれば、戦争がはじまっていることになります。そして国も、テロリストがいる場所ならどこでも攻撃の対象として照準を合わせ、軍を動かし大規模な空爆などをおこなってきました。

空爆……。でもそこにはテロ組織と関係ない人も、普通に住んでいるんじゃない？

そんなことされたら、攻撃を受けた国は怒るでしょ。

たしかに、その国の主権や領土権を無視した乱暴なやり方です。けれど、「テロリストが潜伏している」と言えば、攻撃を加える理由になります。テロリストをのさばらせている国のほうが悪いという理屈です。爆撃で関係ない人を殺してしまったとしても、「誤爆」で片づけられることもあります。このような非対称な戦争が拡大したのは、これまでの戦争の枠組みを変える大きな変化と言えます。

日本では「テロリズム」を「テロ」と短縮して呼びますが、これは日本独自のものです。「エロティック」を「エロ」、「グロテスク」を「グロ」と表現するのと同じで、短縮することで侮蔑や誇張といった効果をもたらす俗語なのです。

「テロ警戒中」とか、いまでも普通に聞くよね。

そう言われてみると、短くすることでいろんな背景を切り捨てたり、独自のニュアンスを加えた印象に変わるような……。全然気づかなかったな。

国どうしの戦いとは
ちがうテロ組織との
終わりなき戦争……。
ルール無用の危険は、
どこまでふくらむんだろう？

戦争の終わりはいつ？

国とテロリストが戦争したら、どこでも戦場になっちゃうなんて怖すぎるよ。

ホントに、そんな戦争って続いてるの？　なんか実感が薄いっていうか……。

だってニュースでもやってるし、テロリストはいなくなってないんじゃない？

えっと、続いてる、でいいんだよね？

はい、続いていますよ。

この戦争はどうやったら終わるの？　講和条約を結ぶ……はなさそうだよね。

残念ながら、終わりようがありません。

え、そんな！

攻撃がなくても続いている戦争状態

テロリストとの戦争がいつ終わるかというのは、国がテロリストの撲滅《ぼくめつ》をめざしているのなら、彼らを完全に掃討《そうとう》したとき、ということになります。

それって……皆殺しにするってこと？　物騒だな……。

はい、この戦争はとても物騒なのです。戦争の原型は「破壊と殺戮」ですが、この新しい戦争でなにがおこなわれているかといえば、具体的には「テロリストの殺害」です。戦争をすると戦果発表がありますよね。国と国の戦争であれば、ある作戦を遂行してどの地域を制圧したのか、どの都市を陥落させたか、といったことが戦果となります。ですが、この戦争では「テロリストを何人殺したか」が戦果となります。領土を持たない相手なので、殺害人数しか発表のしようがないのです。

じつは国と国でおこなわれる戦争には、対等な国家どうしということで、相手を最低限、認め合う姿勢があります。戦争をはじめるときには宣戦布告をして、終わるときには第三国が仲介に入って講和を結ぶ。このように大まかな流れがありました。国際法で不意打ちはしない、捕虜虐待をしない、非戦闘員を攻撃したり殺戮したりしないといった一定の制約も定められています。実際にしっかり守られているかといえば、けっしてそうとも言えませんが、一応ルールは存在します。破れば罪に問われ、制裁を受けることになります。

けれど、テロリストとの戦争では、敵ははじめから「犯罪者」とみなされ、対等ではありません。交渉の相手ではないので、国と国の戦争にあったようなルールは適用されません。また、国と国の戦争であれば、国が国民を動員して戦うことになるので、戦争を支持してもらう必要があります。そのため、反感を買うほどの非道なことはできません。けれどテロリストといえば、なにをするかわからない「第一級の悪人」というイメージをみんなが持っています。

だから、この戦争を正当化するのはとても簡単です。相手は世界共通の敵なのだから、そんな者たちをこの社会に存在させてはいけない。攻撃は「正義」であって、テロリストと名指しをすれば、なにをしてもかまわないということになりがちです。これが「テロとの戦争」の実態です。

でも、戦争をしてテロリストを撲滅するって言ってるけど、テロリストって減ってる？ なんかそんな感じもしないんだけど。

実際にはあらたなテロリストが増えつづけています。テロリストのいる場所を攻撃すれば、その地域の生活圏が破壊され、テロ組織とは関係のない人も犠牲にし、多くの難民が生まれます。自分たちの生活が壊された憎しみから、あらたなテロリストが生まれることもあります。ひとつのテロ組織がなくなったと思っても、テロリストが散り散りになって、性格のちがう別の組織ができることもあります。

テロリストの攻撃がやんで、落ち着いたように見えても、またいつ攻撃してくるかわかりません。となると、つねに警戒すること、攻撃を未然に防ぐことが求められます。つまりこの戦争は第一次、第二次、というように数えられるものでなく、攻撃を受けていないときも、「安全」のための監視・警戒という形で戦争体制が続くことになります。終わらせることがとても難しい戦争が、いまもなお続いているのです。

たえず戦争状態で監視が続く生活なんて耐えられないよ……。

続いているかどうかもわからなくなるくらい、戦争状態が当たり前になっちゃうんだね。

もうひとつ言えば、この種の戦争は人類が築いてきた「人権」への意識も変えてしまいました。テロリストとの戦争は、「殺してもよい人間」という、新しい人間のカテゴリーをつくり出したとも言えます。人権なんて関係のない人間として。「テロとの戦争」の最大の問題はここにあるとも言えるでしょう。

第2章まとめ

そもそも戦争ってなんですか？

・戦争は、集団が武力を使って別の集団と戦うことを起源としてはじまり、世界が国に区分されるようになってからは、国家間の武力衝突を指すようになった。

・戦争になると、破壊や殺戮が「解禁」され、個人よりも全体が優先される。

・国と国の戦争には一定のルールもあったけれど、テロリストとの「新しい戦争」で戦争の定義は変わり、終わりも見えない戦争状態が続いている。

第3章

戦争はどうして起きてきたの？

［戦争の変遷］

戦争ってずっと漠然としてたけど、すこーしだけ輪郭が見えてきた気がする。

最初は食べものを奪い合ってるだけだったのに、いつからか世界じゅうでめちゃくちゃ戦争するようになっちゃったんだよね。

でも、しかたがないのかなあ。いつまでも原始時代みたいな暮らしはできないわけだし……。時代が進めば、争いの形も変わるってことなんじゃない？

でもさあ、そもそも戦争ってこれまで、どんなふうにおこなわれてきたの？

戦争は集団の争いです。だから集団のあり方しだいで変化してきました。

社会のしくみってこと？　王様みたいな権力者が登場したりするもんね。

いわゆる「文明」ですね。だから、戦争は文明とともに変化してきたと言ってもいいんです。それでは、ヨーロッパの文明が引き起こしてきた近代的な戦争の変遷からお話ししましょう。

ヨーロッパの宗教戦争って
いったいどんなもの？
キリスト教と政治の関係は？
「国家」の誕生で
どう変わったの？

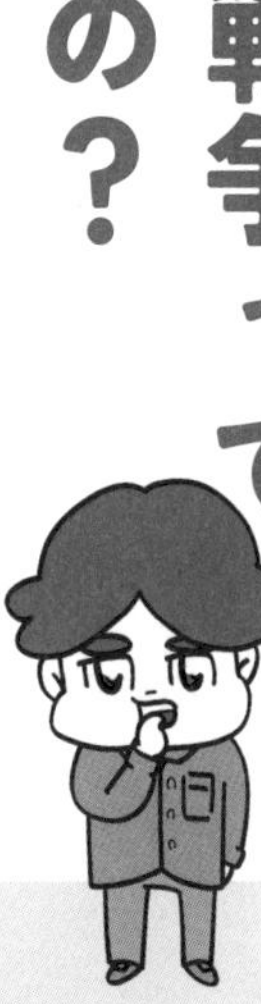

１００年続いた宗教戦争

最初にお話しするのは、16世紀以降にヨーロッパで起きた大きな戦争です。

そのころのヨーロッパってどんな感じ？　想像もつかないんだけど。

この時代、まず現在とは国のあり方がまったくちがいます。教皇や王、貴族、皇帝など権力が入り交じり、複数の国を横断して支配するといったことも普通でした。そんな時代にヨーロッパで起きたのが、宗教戦争です。

宗教っていうのはキリスト教？

そうです。キリスト教が分裂し、１００年続く宗教戦争がはじまりました。

うわ、長すぎる！

神のために戦うので暴力に歯止めがきかず、ヨーロッパじゅうを巻き込むすさまじい戦争となりました。

宗教の対立と利権の取り合いがごちゃ混ぜに

100年続いたこの戦争の最初のきっかけは宗教改革です。宗教改革のことはご存じですか？

世界史の授業でやったような気もするけど。……ダメだ、思い出せない。

ざっくり説明すれば、この当時、ヨーロッパの人たちが信仰するキリスト教は、ローマ教皇が権力を握るローマ・カトリック教会を中心にまとまっていました。宗教改革とは、絶大な権力を振るうこのローマ・カトリック教会のあり方を批判したキリスト教の改革運動のことです。改革によって、キリスト教の中に別の宗派であるプロテスタントが生まれました。そうして、ふたつの宗派カトリックとプロテスタントは対立し、戦争がはじまったのです。

それだけで戦争になるの？　って思っちゃうけど……。

当時は教会と国が深く結びついて、宗教と政治が一体化していました。さらに教会の勢力はいろんな地域におよんでいるので、小さかった火種《ひだね》が大きくなって火の粉が飛び、各地で炎上したのです。

さらに、対立するそれぞれが神の名を掲《かか》げて戦うため、暴力に歯止めが掛かりません。相手は「神の敵」だから、どんなに残虐なことも平気でできてしまうのです。あちこちで凄惨《せいさん》な戦いが起こりました。なかでも、宗教戦争の最後に起きた三十年戦争（1618〜1648年）は、おもにいまのドイツにあたる神聖ローマ帝国で、カトリック教徒の皇帝による宗教的統治にプロテスタントが反乱を起こし、ヨーロッパじゅうを巻き込むことになります。拷問《ごうもん》や虐殺もおこなわれ、戦争が終わったときには神聖ローマ帝国の人口は半分以下になってしまいました。

えー！　信仰のためっていったって、いくらなんでも……。

じつはこの三十年戦争が起きたころには、もう宗教上の戦いというだけでなく、さまざまな勢力が「土地の利権」を争う戦いとなっていました。鎮圧や加勢をするという口実でデンマークやスウェーデン、フランスなども参戦しましたが、本音は領土や利権が欲しかったのです。この三十年戦争は「最初に起きたヨーロッパ大戦」とも言われています。

ちなみに、当時はヨーロッパがアメリカ大陸にも進出していたので、そこでの権益もからんでますます収拾が難しくなりました。

結局、どうやって終わらせたの？

どこも、これ以上戦争を継続するのが困難という状況になり、ようやく講和交渉がはじまりました。1648年に、三十年戦争に関わった勢力の代表が集まって講和会議をおこない、そのとき決まったことが、以後の戦争に大きな影響をおよぼすことになります。

まず、あまりに悲惨な戦争になってしまった反省から、もう戦争に神を持ち出して信仰をからめて戦うのはやめよう、ということになりました。そして、この会議によって、ひとつずつの国に自国をまとめる「主権」を認める、という考え方が整備されました。

その後は、国を一括統治する権力を備えた国を「主権国家」とし、戦争ができるのは主権国家に限るということになりました。要するに、誰が戦争をするのか、その責任を誰が取るのかを明確にして、それを国家間の決まりごと、つまり国際法とする体制ができたのですね。これ以降、ヨーロッパ諸国はいずれも、主権を持つ国家として対等な立場に置かれることになりました。戦争とはそうした国家間でおこなわれるもので、もし主権国家の領土内で豪族や地方領主が勝手なことをすれば、それは内乱とみなされ、主権者が取り押さえます。領土内のことには他国は手を出せない「内政不干渉」というルールもできました。

この会議が開かれたのが、いまのドイツ西部にあるウェストファリア地方だったので、これをウェストファリア条約、またウェストファリア体制などと呼びます。世界で最初の近代的な国際法秩序が誕生したのです。

主権ってつまり、国のことをなんでも決められる力ってことなのかな。

戦争という面から主権を考えると、「殺す」ことができる権力ということにもなります。ひとつの国は同じ法で統治され、主権者（王）は国民をそれに従わせます。法を守らない者には死刑を科すことも。そして、他国に戦争を宣言できるということは、自国の兵士に、戦争相手国の兵士を殺害するよう命じる、ということでもあります。内に向けても外に向けても「殺す」ことを命じることができる権力なのです。

すごい権力だ……。そこが暴走したら大変なことになるよ。

「ウェストファリア体制」で
主権国家どうしでのみ
認められることになった戦争。
ルールを守って
戦うしくみって？

戦争を認めていいの？

うーん、どうもわからないんだ。世界で初めてできた国際法で、国に戦争をする権利を認めたっていうことだったけど、そしたらこんどは「戦争やりたい放題」になっちゃわないかな？

たしかに、「戦争をしてもいい」だなんて、ちょっとびっくり。

この時代って、戦争することに抵抗感とかなかったのかな？

戦争には「良い」も「悪い」もないという考え方でした。国と国の争いは、たがいに欲《よく》得《とく》ずくです。得たいものを得るための手段として、戦争は主権国家に認められた権利となった。だから、戦争を起こした動機や目的の善悪については問われません。そこは平等（つまり差別しない）だったのです。これを「無差別戦争観」といいます。戦争についての国際法は、戦闘時の手段や方法（あまりに苛烈なもの）だけを対象としていました。

それで、戦争が増えたりしなかったの？

これはそもそも、戦争を抑えるために工夫されたシステムでもありました。だから、増えるどころか戦争が起きにくくなったのです。どういうことか、説明していきましょう。

近代の戦争は「無法状態」ではない

ヨーロッパじゅうがめちゃくちゃになったのが、16世紀から17世紀にかけての宗教戦争でしたね。このたび重なる戦争への反省から、外に対しても責任を持つ主権者が国を治める「主権国家」に限り、戦争が認められることとなりました。主権国家は、どこかの誰かがいきなり「俺のところは主権国家だ」と言っても、それだけでは成立しません。ほかの国から正当な権力だと認めてもらう必要があります。つまり、ヨーロッパの国際秩序は、おたがいに認めて尊重するという相互関係によって成り立っている、というわけです。宗教的な権威には頼らない、国家間の秩序が誕生したわけです。

そして、国には強い国、弱い国がありますよね。自分が弱い国で、相手のほうが強かったら戦争をしても勝ち目はありません。戦って受ける被害も大きいでしょう。そこで、弱い国は力の差をおぎなうように、他国と手を組むことになります。こうして国と国のあいだに微妙なバランス関係が生まれていくようになりました。

そうか、ひとつの国が戦争したいと思っても、相手の国がどのくらい強いかを分析したり、一緒に戦ってくれそうな国におうかがいを立てたり、まわりの国とのバランスを考えなきゃいけない……。これってなかなか面倒だよね。

はい。それを「勢力均衡」というのですが、そうなると簡単には戦争に踏み切れません。好き勝手にやれば、その国は信用を失って味方もつくれず、国際秩序の中で孤立しますよね。実際には、強い国が強引な振る舞いをすることもありますが。ただ、そういう建前ができたことは大きい。主権国家をひとつの単位として、国と国に限って戦争を認める体制は、国どうしのけん制を生んで、結果として戦争を起きにくくしたというわけです。

そんなシステムが17世紀にはできてたんだ！　すごいじゃん。

もうひとつ重要なのは、ウェストファリア体制では、戦争をする際に守るべきルールが整備されたことです。まず戦争をするときには「いまから戦争状態だ」と宣戦布告しなければいけません。これをやらないとまわりの国から不正あつかいされ、戦争をする正当性が否定されてしまいます。陸上競技でもスタート時のフライングは失格ですよね。そして、国家間の秩序があるので、戦争が終われば、戦った相手国との貿易も復活します。となれば、戦争中にあまりひどいことをするわけにもいきません。

「戦争は戦闘員がおこなう」「武装していない住民は攻撃しない」「おたがいに捕虜《ほりょ》は殺さずに交換する」といったルールもできました。戦争が一定の決まりのもとでおこなわれるようになったのです。

たしかに、ひどいことをされた相手となんて、もう付き合いたくないもんね。

たとえば敵の捕虜を全員殺したりしたら、恨《うら》みを買って仕返しされます。働き盛りの人たちを大勢殺せば、こちらとしても商売の相手を失って結局、損をします。そんなわけで、ルールを守って戦争をし、ある程度のところで第三国が「そろそろやめたらどうか」と仲介に入り、休戦して講和会議を開き、手の打ちどころを決めて講和条約を結ぶ。だから、この体制では戦争のはじめと終わりがはっきりしています。

戦争をするのなら、せめてルールは守れってことなんだ。

はい。そして戦争をした国どうしも、戦争が終われば平和な関係に戻ります。戦争をする権利は認めるけれど、守るべきルールがあるので、そんなにめちゃくちゃなことはできない。戦争はなんでもありの「無法状態」ではない、ということです。これが近代に生まれたヨーロッパの戦争の形です。ただ、これはあくまでヨーロッパの国際秩序です。ウェストファリア体制の抑制効果が見られない戦争もこれ以降、いくつも登場することになります。それは追ってお話ししていきましょう。

ウェストファリア体制ってかなり画期的だったんじゃない？

「国際法の父」と言われるフーゴ・グロチウス（1583～1645年）という法学者がいますが、彼の主著のタイトルは『戦争と平和の法』です。彼は三十年戦争を経験して、国家間の秩序をまとめる国際法が戦争を規制すると考えました。戦争は無法状態ではなく、ひとつの法状態なのだと示しました。ウェストファリア講和会議の前に亡くなってしまいますが、彼の考えがベースとなって、戦争のさまざまなルールができたのです。

この人がいなかったら、歴史が全然ちがってたんだろうなあ……。

「国のために命をかけて」国民が戦争を担うようになったきっかけはフランス革命なの?

戦争で戦うのは誰？

ウェストファリア体制のもと、戦争は国と国がルールを守って戦う時代になりました。そこから約150年後に起きたある出来事をきっかけに、こんどは戦争で戦う人の層が大きく変わります。

えっ、戦う人？　国と国の戦争なんだから、国民が戦うんじゃないの？

ヨーロッパではもともと戦闘を担う専門の人たちがいたので、一般の国民は戦っていませんでした。騎士《きし》階級がありましたし、お金で雇《やと》われる傭兵《ようへい》も戦場で戦っていました。

あれ？　じゃあ、なんで普通に暮らしている人まで戦争に行かなきゃならなくなったの？

そのほうが強いということがわかったからです。

強い？　どういうこと？

士気の高い義勇兵《ぎゆうへい》、そして徴兵制のはじまり

ヨーロッパの戦争で戦っていた傭兵って、どんな人たちだったの？

仕事として傭兵をしている人もいましたが、土地を追われた農民が傭兵になることもありました。この時代、常備軍を持っている国も兵隊は傭兵によって構成されていました。ある国の戦争を戦っているのは、別の国から来た出稼ぎの傭兵たちということもめずらしくありませんでした。このような状況が続くなか、国民が戦うようになるきっかけをつくったのが、フランス革命です。

フランス革命……。民衆が王様をギロチンにかけたっていう？

そうです。フランス革命は、国王が主権を持つ絶対王政を民衆がひっくり返すという大事件でした（1789〜1795年）。国王がいなくなって、それまで民衆を苦しめていた身分制や特権階級もなくなりました。これを見た周辺国の統治者は、自分たちの国がフランスのようになると困るということで、フランスに軍隊を送り革命政権を潰《つぶ》そうとし

ます。
フランスの人たちは手に入れた自由を守るために、外国からの干渉勢力を撃退しようと立ち上がります。各地方から「自分たちがフランスを守る」という士気の高い人々が集まってきます。獲得した自由を守るためには、自分たちが戦わなければならないという決意の表明ですね。彼らは自分の意思で軍に参加する「義勇兵」となって戦地に赴《おもむ》きます。
義勇兵は、外国の干渉軍や国内の王党派と戦いました。革命政府は徴兵制を敷きましたが、やはり主力は義勇兵出身で、その軍隊を指揮したのがナポレオンです。ナポレオン率いるフランス軍は攻めてくる周囲の国を撃退、その後も勝ちつづけ、一時はヨーロッパ全土をほぼ制覇します。これほどまでにフランスの軍は強かったのです。では、それはなぜだと思いますか?

ナポレオンにすごい才能があったんじゃない?

いちばんは、兵士のモチベーションが高かったからです。自由を守るということは、フランスを守ることにつながります。「自分たちの国は自分たちで守る」「この国は自分たちのもので、自分たちが主《あるじ》なんだ」。このような強固な意識があったからこそ、命がけで戦ったのです。
一方、ほかの国の軍隊は雇われ兵だったり、国王や領主に命令されて引っ張り出された兵士ばかりです。傭兵は生きて帰らないと給料をもらえないので、誰も命がけで戦おうなんて思いません。

なるほどねぇ……。

初期のナポレオン軍に敗北した軍人クラウゼヴィッツは『戦争論』の中で、フランス軍がなぜそれほど強いのか分析しています。そして、ナポレオンが率いたのは国民からなる軍隊であることに注目しました。他人の戦争に金で雇われた外国の傭兵ではなく、自国の戦争にみずから参加する国民による軍隊だった。フランス兵は自分たち自身の戦いとして参戦し、死ぬかもしれないことも納得して戦っているからこれほどまでに強いのだ、ということです。

つまり、ナポレオンの軍隊がめちゃくちゃ強かったのを見たほかの国々が、そのマネをして徴兵制が広がっていったってこと？

そうです。フランス軍の強さの秘密に触れた諸国は、ナポレオン軍のように、国民みんなが自分たちのためと思って戦うことが勝利につながるのだと知ったのです。そしてもうひとつ、徴兵制にはお金がかからないというメリットもありました。傭兵を雇うにはお金がかかります。財源が尽きれば、戦争を続けたくてもできなくなってしまう。戦争は、王家の財政事情からも制約を受けていたのです。

ところが、国民に一部参政権をあたえて国民国家の体裁を整えると、国内の成年男子全員を兵士として動員することもできます。お金の心配をすることなく、兵力を拡大させることができるのです。徴兵した国民には、「きみたちの国のために戦おう」と呼びかけます。そこで国を愛する気持ちや国家への忠誠といった気運を駆り立て、「国民軍」を組織します。もはや王家の利害のために傭兵が駆り出されて戦う戦争ではありません。戦争は、国民の意思で、国家的におこなわれる国民どうしの戦いということになったのです。

なるほどねー、徴兵制って金銭的なメリットもあるわけか。

戦争は「国民がやったほうがいろいろ得だぞ」って気づいたわけだよね。

フランス革命は自由と平等のための戦いでしたが、王権が廃止となったからといって、人々が完全に自由で平等な個人として解放されたわけではありません。王権からは解放されても、こんどは個人は国民となって、自由を得た国家を守らなければならなくなったのです。国民が戦争に加わることで、戦争は万人のものになったと言えます。言ってみれば、政治とともに戦争も民衆に主導権が移っていき、戦争が「民主化」されていった。ただし、どの軍隊にも非民主的な強制などは付き物ですが……。いずれにしても、「万人の万人による万人のための戦争」になったというわけですね。そういう形ができたのが、フランス革命の起きた18世紀終わりから19世紀前半にかけてでした。

近代化の波は
「戦争」にも……。
さまざまな進化による
国民の意識変化って
どんなもの？

どんどん進化する武器

もともと一部の人が戦場で戦うだけだった戦争が、国民が徴兵されて戦うところまで大きくなってきた、というお話を前回しましたね。ある出来事がこの流れを後押しして、戦争はもっと大きなものになっていきました。

うーん、なんだろ？

戦争で戦うには、兵隊だけではなくて武器も必要ですよね。

武器？　あ、そうか。すごい武器を持ってるほうが強いよね。剣とか槍《やり》じゃなくて、銃とか大砲とか戦車とか。

そうです。戦争の風景を大きく変えたのは武器の進化です。それを可能にしたのが、技術革新とそれにともなう産業革命でした。

産業革命って、いろんな機械が発明されたりして工業化が進んだんだよね。大きな工場とかもたくさんできた……。そっか、そしたら大量生産できるもんね。

そして戦場で戦う兵士たちもまた、大量生産される機械の部品のように、消耗品として動員されていくことになっていったのです。

うっ、人間が消耗品に？

近代化を反映した戦争

産業革命はフランス革命と前後して、まずイギリスで18世紀の後半に起き、19世紀前半にはヨーロッパじゅうに広がりました。もちろんアメリカでも。新しいテクノロジーによって大量生産ができるようになり、鉄砲や弾などの軍需品がたくさんつくられます。すると、軍に十分な武器が行きわたるようになりました。科学技術の発達によって、武器の性能が高まり、殺傷能力もどんどん高まっていきます。

　このころ最初の顕著な発明といえば、機関銃です。それまでは1発撃つごとに弾をこめたり、連発しても5、6発撃ったら終わりだったものが、機関銃は1度に100発以上も撃てます。さらに19世紀の終わりごろに普及したダイナマイトは扱いが簡単で、敵陣を一気に吹き飛ばすことができました。この時代、もうすでに自動車はつくられていましたから、次には進化した武器の攻撃を防ぎながら前に進める装甲車（戦車）が開発されました。そんなわけで、戦争の破壊力、殺傷力は天文学的に上がっていきました。戦争じたいの規模もどんどん大きくなっていきます。

ヤバいじゃん！

そして、武器が進化すると、戦場にいる兵士個々の力量はそれほど重要ではなくなってきます。勝敗を左右するのは、武器の性能と量です。大量の近代兵器があり、それをちゃんと使える兵士の数があればいいのです。かつてのように、勇敢な兵士が武器をとって英雄的な活躍をするという時代は終わりました。

だから兵隊が消耗品に……。

そしてもうひとつ、この時代の近代化を象徴するものとして、マスメディアの登場が挙げられます。マスメディアも戦争を変える大きな要因でした。

この時代のメディアって、えーっと、ラジオ……はまだ早いか、新聞？

そうです。まずフランス革命を経て、新聞のようなものが一気にできてきて、情報は速く広く供給されるようになりました。人々は、毎日世の中で起こっていることを、直接知らない遠くの事情や出来事まで知ることができるようになり、それに対するさまざまな意見を共有します。知らない人どうしでも同じニュースを知っているという状況は、国民をひとつにまとめる役割を果たします。これは国民の意識をつくり上げるにあたって大きなツールです。そしてもうひとつ、たとえば、日本で流通している新聞は当然日本語で書かれ、日本人に向けてつくられますよね。日本の外で起きた出来事も、日本の立場と視点から伝えられます。そのような媒体を読み、共有することで、国内に同じ国の人間だという共通意識が生み出されていきました。

でもこの時代って、文字を読めない人もたくさんいたんじゃないの？

そのとおりです。だからマスメディアの登場と同じ時期に、公教育もはじまります。それまで読み書き算数は、教会活動のひとつとして神父や牧師が庶民の子どもたちに教えていました。しかしフランス革命後、国が公教育をおこなうようになります。王権がなくなり、主権があらゆる人々のものとなれば、それぞれの人間が責任ある判断を下せなければなりません。国民みんなにある程度の知性が必要です。そして、国民の政治判断の材料のためにも、基礎知識や情報が供給されなければならない。その情報を受け取って理解す

るには教育が必要……。つまり、マスメディアと教育はセットなのですね。

マスメディアの登場と公教育がはじまったことで、「自分たちはこの国の人間で、この国を担っている」と自覚する国民が登場しました。ちなみに、こうした国への帰属意識は、国が近代化して、人々が参政権をあたえられたり、その他さまざまな権利を手に入れる過程でも高まっていきました。

さて、同じ教育を受けて共通意識を高めた国民は、徴兵制のスタートによって誰もが戦争に加わるようになりました。戦場には破壊力を増した武器がたっぷりあります。近代化によるさまざまな変化は、戦争にも大きく反映されることとなります。

マスメディアについて付け加えると、同胞（仲間）意識を生み出すことに役立つ一方で、「排除」の傾向も生み出します。ひとつの国の言語で書かれた新聞では、ちがう言語で話す人間は除外されるからです。そうやってマスメディアは、人々に共通のバイアス（かたよったものの見方）をかけることができる。それが

戦争ともなれば、「自国民」意識を引き起こすことにつながったのです。

国民の意識が変わって、産業革命で武器の生産体制も整って……。それからずっと戦争が続く20世紀に入っていくってことか。

なんか外堀が埋まっていく感じ……。ああ、悲惨な予感しかない。

兵士だけでなく、
国民も攻撃される戦争へ。
すべてを巻き込んだ総力戦、
第一次世界大戦って
なんだったの？

人間の心の中まで戦争に動員？

次はいよいよ第一次世界大戦です。ヨーロッパ大戦とも呼ばれる戦争です。

第一次世界大戦のこと、僕ぜんぜん知らないんだよなあ。

これまでの戦争にくらべて段ちがいです。別次元に突入したと言えます。

「世界大戦」だから、とにかく世界じゅうで戦争が起きたってことだよね。

そうです。ただし戦争が地理的に広がったというだけではありません。人間の暮らしや心の中までもが、戦争にのみ込まれたのです。世界大戦の「世界」とは、人間世界全体を指します。そういう意味で戦争のあり方を大きく変えた戦争が第一次世界大戦です。

国民も戦闘員として攻撃される対象に

そもそも第一次世界大戦って、どうして起きたんだっけ？

発端は、オーストリア帝国に恨《うら》みを持っていたあるセルビア人の青年が、サラエボ地方を訪れていたオーストリア皇太子夫妻を暗殺したことでした。１９１４年のサラエボ事件ですね。この事件によって、オーストリア帝国がセルビアを攻撃することを決めたのですが、ロシア帝国がセルビア側についたり、ドイツ帝国がオーストリア帝国側についたり、さらにはフランスやイギリスも戦争に入ってきて、結果的には31カ国が戦争に参入する事態になります。

めちゃくちゃだ……なんでそこまで規模が大きくなっちゃったの？

ひとつは、植民地の存在です。たしかに最初はオーストリア帝国とセルビアの局地的な紛争でしたが、植民地分割をめぐる争いが連鎖して、ほとんどの主要国と海外の植民地も巻き込んだ世界規模の戦争になったのです。

15世紀以来、ヨーロッパ諸国は大西洋を越えてさまざまな地域に進出し、植民地にしてきました。20世紀の初めには、地表の70～80パーセントはヨーロッパ諸国の支配下となっていました。このころには、ヨーロッパの主要国は植民地ありきの産業構造になっていたのです。戦争が大きくなってくると兵隊が足りなくなってきて、植民地からも兵士が調達されました。たとえば、イギリスは自分の植民地であるインドなどから、フランスも自国の植民地であるアフリカのセネガルなどから戦闘要員を連れてきました。

あと、武器だって進化してたんじゃ……。それが戦場で使われてたのか。

そのとおり。次々に新しい兵器が登場します。戦車に対して塹壕《ざんごう》が掘られると、塹壕にこもった兵士を壊滅させるために、毒ガスが開発されます。さらには航空機が実用化されたことで、空からの攻撃も加わります。通信網も整備され、戦争拡大に大きく貢献しました。技術の進化が戦争に活用され、その戦争が長期化することで、これまでとはケタちがいの死傷者が出ました。

第一次世界大戦で人間の心まで動員されたっていうのはどういうこと？　兵士じゃない、普通の生活をしている人まで戦争に加わるってこと？

たとえば、兵器だけでなく服や靴や食糧のたぐいまで、みんな軍需品になります。工場に働きに出て、戦場で使うすべてのものをつくるのは一般市民です。その市民が総力を挙げて戦争の消耗品を大量生産する。こうなれば、兵士だけでなく社会全体が戦争に参加していると言えます。

そして動員されるのは、仕事で軍需品の生産に関わる人だけではありません。人々の共通意識をつくり出すのはマスメディアと教育でしたよね。これらは、市民に戦う意識、いわゆる愛国心や敵愾心《てきがいしん》を植えつけ、それを高めます。そして言論統制をおこなうことで反対意見を締めつける。すると人の心の中まで、戦争体制に組み込まれます。みんなが戦争を義務だと思い、国のために戦うべきだと考え、進んで戦争に協力します。

第一次世界大戦に従軍したドイツの作家エルンスト・ユンガーは、この状況を次のように説明しています。これまで、予備役《よびえき》を含めた兵隊全体が戦争に動員されることを総動員、すなわち「ジェネラル・モビリゼーション」と呼んでいたけれど、現代の戦争はそうではない。国民生活を挙げて戦時体制に動員される「トータル・モビリゼーション」なのだと。「総」の意味がより深まったわけです。軍部だけではなく、国民全員のあらゆる日常の活動が、戦争につぎ込まれる形です。

また、第一次世界大戦を指揮したドイツの軍人ルーデンドルフは、この戦争の特質を「総力戦」と言い表しました。それまでの戦争は戦場で兵隊が戦い勝敗を決めていたけれど、いまでは産業社会とつながっている。かつてのように軍事部門だけでは戦争はできず、産業、教育、あらゆるものすべてを挙げて国民の総力を動員する戦争だということです。彼はこれからの戦争はすべてそうなるだろうとも考えました。そして、このように総力戦、総動員の体制下で、武力行使はとうとう市民にも向かいはじめます。

待って！　ウェストファリア体制で戦争するときは、非戦闘員は戦闘員と区別して殺してはいけないっていうルールがなかったっけ？

じつは、この「総動員」体制では、あらゆる人々が潜在的には戦闘員となります。戦場で戦う兵士は戦闘員、町で生活している市民は非戦闘員と区別をつけることが難しくなった。社会生活をしているかぎり、なにをしていても戦争に組み入れられてしまうからです。先ほど、航空機の実用化によって空からの攻撃が加わったと言いましたね。第一次世界大戦の後半からは、市街地への空爆も本格的におこなわれました。攻撃は工場や兵舎だけではなく、市民の生活空間もその対象となり、道路や家、商店街も無差別に攻撃されました。この攻撃は、敵国に戦意を喪失させる効果的な手段だと考えられました。ここまでくると、一方の国が崩壊するまで戦争は止められません。

そんな……。ウェストファリア体制でも戦争を抑えられなかったの？

残念ながら、ウェストファリア体制はもともとヨーロッパの国際法秩序です。戦争がヨーロッパの外の植民地にまでおよんでしまった以上、抑制効果が望めなくなりました。もう適当なところで手を打って講和条約を結ぶという戦争ができなくなってしまった。戦争をはじめた指導者たちは国民の手前、いくら形勢が悪くても損害が明らかでも戦争をやめようと言えません。はじめドイツは2、3週間で戦争を終えられると思っていたと言われていますが、実際にはずるずると4年3カ月も続いていきました。

最終的に、この戦争を傍観していたアメリカが参戦したことで局面が変わります。ドイツ帝国は追いつめられ、さらにドイツ国内で革命が起こって政府が崩壊し、降伏を無条件で受け入れるという終わり方をしました。ロシア帝国も大戦中に起きたロシア革命で国内が崩壊、フランスやイギリスも一応は勝った側ですが大変な犠牲を払って、戦争はどうにか終結しました。終わったときには、ヨーロッパじゅうが疲弊していました。

めちゃくちゃ悲惨な終わり方じゃん。誰も得をしなかったような……。

第一次世界大戦がもたらしたヨーロッパへの影響はとても大きく、あまり

の被害の大きさから、悲観的な考え方が蔓延《まんえん》しました。文明の進歩の果てに、こんなことになってしまった、ヨーロッパもこれで終わりじゃないか、というわけです。第一次世界大戦の経験からオズワルド・シュペングラーは、そのものズバリのタイトル『西洋の没落』という歴史哲学書を書きました。1918年に刊行されたこの本は、大ベストセラーとなりました。

それまではヨーロッパが世界の中心って自分たちでも思っていたくらいだったのに、この戦争で一気に全体が沈んでしまったんだね。

戦争＝「悪」。
それをわかっていながら、
核兵器の使用にまで
行きついた
第二次世界大戦って？

それでも起きてしまった戦争

こんどは第二次世界大戦か……。日本もめっちゃ関わってるやつだよね。

ちょっと待って、第一次世界大戦でみんなボロボロになったよね。あれをもう一回やろうって、もう意味がわかんないんだけど。

たしかに……。あれ？　しかも第一次世界大戦が終わってから、次の第二次世界大戦がはじまるまで、そんなに時間が空いてないんじゃなかったっけ？

そうですね、第一次世界大戦が終わったのが1918年。第二次世界大戦がはじまるのは1939年です。つまり21年後ですね。

なんなの？　懲《こ》りないの？

第一次世界大戦を経験して、たしかに「戦争は避けるべき」と考えられるようにはなりましたが、それがわかっていながらはじめてしまったのが第二次世界大戦なのです。

戦争であらわになった、人間の価値の否定

当時、ヨーロッパは破滅寸前という状態でした。もしまた戦争になったらいよいよ破滅するという危機感があった。そこでウェストファリア体制よりもたしかな戦争抑止システムを求める議論が起こります。まず、第一次世界大戦終戦の翌年、アメリカのウィルソン大統領の提唱で国際連盟をつくることが決まりました。平和を維持するための世界初の国際機関です。1928年には不戦条約が結ばれました。国と国の紛争は、戦争ではなく平和的手段で解決するべきだと定めたものです。まず15カ国が参加し、その後63カ国が調印しています。戦争をする権利を認めたウェストファリア体制から、戦争をしないことを決めた不戦条約へ、世界における大きな転機でした。ちなみに日本もこの条約を結んでいます。

なのに、またすぐに戦争はじめるって、どういうこと?

残念ながら不戦条約は強制力がなく、国際連盟が制裁のためにおこなう武力行使

や自衛のための戦争は禁じていませんでした。そしてこの時期、ヨーロッパ以外の国々もまた力をつけてきました。第一次世界大戦を好機として経済大国になったアメリカ、そしてアジアで台頭してきた日本、またロシア帝国の崩壊後に誕生したソ連（現ロシア）です。これらの勢力を持った国々と、敗戦で莫大な賠償金を課せられ光明を求めていたドイツは、ふたたび戦争になることをいといませんでした。

ダ、ダメじゃん……。

第一次世界大戦は、やってみたら結果的に世界のすべてを巻き込む大戦争になってしまったのですが、次は「そうなるとわかっていてやった戦争」という言い方ができるでしょう。世界は早くからふたたび世界戦争が起こることを予測していました。次に起こる大戦争に備えて競うように軍備拡張に走り、各国が総力戦に備えはじめたのです。

そんななかで、共和国になったドイツにナチズムが現れます。1929年に起こった世界恐慌の影響で、ドイツは国内経済が破綻寸前でした。そんな世情で、選挙によってヒトラーが権力者の座につきました。1939年、ドイツは隣国ポーランドに侵攻します。これに対して、イギリス・フランスがドイツに宣戦布告。こうして戦争がはじまりました。イタ

リアはドイツ側について参戦し、戦火が広がっていきます。アメリカは当初参加しませんでしたが、１９４１年に日本からハワイ準州オアフ島の真珠湾に攻撃を受けたことで、参戦することになりました。

第一次世界大戦の時代より、兵器はさらに進化しています。また経済発展によって世界はかつてないほど密接につながっていましたから、戦争はすぐに飛び火して世界じゅうに広がりました。こうなると、もう簡単に止めることはできません。戦争は６年も続き、ドイツとイタリア、日本の無条件降伏という形で終結しました。

日本は原爆を落とされたよね……。

多くの哲学者は世界の崩壊や終末を語りました。それは物理的な崩壊にとどまらず、人間の価値が無に帰《き》したという意味でもありました。

人間が起こした戦争が、人間を全否定するって……もうめちゃくちゃ！

ユダヤ人はアウシュビッツをはじめとする強制収容所で虐殺されました。それは戦争に勝つための作戦ですらありませんでした。ナチス・ドイツからユダヤ人は国家に不要、害悪とみなされたからです。

日本では、史上初めて核兵器が市街地である広島と長崎に落とされました。本来、兵器というのは戦場で敵を倒したり、軍事拠点を攻撃したりするために使われます。しかし核兵器はまったく次元がちがいます。なにもかも、すべてを一瞬で消滅させる兵器です。人間は一瞬で蒸発し、生き延びた人も身体はボロボロになり、何十年経っても後遺症に苦しみながら死を迎えます。逆説的ですが、このような兵器だからこそ戦場では使えないとも言えます。使った瞬間、味方の部隊まで消滅してしまうからです。総動員を可能にする環境で、総動員されている国民を丸ごと潰すものとして核兵器が使われたのが、第二次世界大戦です。人類の戦争が行きつくところまで行きついた、と言ってもいいでしょう。

よくアメリカは、戦争を終わらせるために核兵器を使ったって言うよね。

アメリカの主張はそうですね。ただ、核兵器はダイナマイトとはちがいます。人類消滅の危険さえあるほど破壊力を持つ兵器です。ここまで強力な兵器を使うと、戦争を正当化する論理は成り立たなくなります。戦争は、敵国を屈服させるためにおこなわれてきました。けれど核兵器はその領土や財産、人さえも一瞬で破壊し、消滅させてしまいます。クラウゼヴィッツが言うように、戦争が「政治の延長」なのだとしたら、核兵器は「敵」そのものを消滅させてしまうことになります。これでは政治の入る余地がない。だから無理に強弁をせざるを得なかったのではないでしょうか。フランスの哲学者サルトルは、「戦争が終わったのは核兵器によってだとすると、そして今後の世界に核兵器が君臨するとすれば、この終わりはむしろ平和の永遠の終わりを意味する」と指摘しています。

でも、いまでも核兵器ってつくられてるよね。人類の終わりになるかもしれないのに……。

核兵器の開発競争が世界にもたらしたものとは？
「攻撃できない」まま40年間も続いた冷戦ってなに？

できないけどする戦争？

はあ、第二次世界大戦が終わった……。さすがにこれ以上、戦争は巨大化しないよね？

そ、そうよね。だって「第三次」の世界大戦なんて聞いたことないし。

ところが、すぐにまた、あらたな次元で戦争がはじまりました。

あらたな次元……なにが起きたの？

アメリカとソ連の冷戦です。

どっちもめちゃくちゃ強そうじゃん！

はい。アメリカとソ連は、どちらも第二次世界大戦で勝利を収めた国です。ただし、大国どうしの戦争は大変なリスクがありますから、この二大国は直接戦場で戦ったわけではありません。「できない」戦争を続けてきたのです。

え、できない戦争をする？　なに、そのなぞなぞみたいなやつ……。

共産主義と資本主義
体制のちがいで世界が真っぷたつに

第二次世界大戦では、アメリカとソ連は協力してナチス・ドイツと戦っていました。ただ、戦争の終わりごろにはすでに対立の兆《きざ》しが見えていました。実際、1945年7月におこなわれたドイツ降伏後の戦後処理を協議する会談で、アメリカのトルーマン大統領はソ連のスターリンに、原爆実験の成果を告げています。そこには、ソ連に対して自分たちの力を誇示しようとした可能性もあります。

あの、ソ連っていまのロシアだよね。どんな国なのか、実態がいまいちわからないんだけど……。

ソ連は1922年に世界で最初に誕生した社会主義国家です。

社会主義の国って、私たちの暮らし方とはかなりちがうんだよね。

はい。国が経済活動を管理するのが社会主義です。自由に稼いだり、家や土地を私的に所有することができません。これは、個人や企業の財産を国が管理して、貧富の差のない社会を実現しようとする「共産主義」の理想にもとづいています。ソ連はこの共産主義を世界に広げるという目標を掲げていました。

戦後、ソ連はドイツが支配していた国々を勢力下に置いて共産主義の政権をつくり、さらに1948年にはドイツのベルリンを封鎖します。これが冷戦のきっかけとなりました。翌年には、アメリカをはじめとする西側が管理する地域が西ドイツ、ソ連が管理する地域が東ドイツとなって、ドイツは東西に分裂します。

西側って言ったけど、西とか東って方角の話じゃないんだよね？

方角の意味もあります。冷戦での「西」はアメリカをはじめとする資本主義、つまり国民が自由に経済活動をすることができる体制です。そして「東」は、共産主義の体制です。西や東と呼んだのは、ヨーロッパの地図を見たときに、だいたい東ヨーロッパが共産主義のソ連陣営、西ヨーロッパが自由主義の陣営に分かれていたからです。基準はいつもヨーロッパにあります。世界戦争がはじまったのもそうでしたね。しかし、そんなヨーロッパに代わって西側の盟主となったのがアメリカでした。

当時のアメリカ大統領は、自分たちのような自由主義の側につくか、自由のない共産主義の側につくか、世界をふたつに分ける言い方をして対決姿勢を打ち出しました。ソ連はソ連で、世界じゅうの共産主義国家をめざす勢力との結束を強め、対立しました。アメリカ側につく国、ソ連側につく国、それぞれを抱え込んで、世界は西側と東側で真っぷたつに分かれたのです。

でもさ、社会のしくみがちがうならちがうで、おたがいほっとけばよくない？ なんでそこで敵対しちゃうの？

理由のひとつは、ソ連の体制が「私有財産」を否定するものだったからということでしょう。アメリカは「私的所有にもとづく自由」を掲げて建国されました。ソ連がどんどん個人の所有の自由を奪って国が管理する共産主義の勢力を増やし、世界に影響力が広がっていくのをアメリカが警戒したのです。アメリカでは猛烈な共産主義排斥運動も起こりました。

アメリカン・ドリームの国だもんね。でも、あの国は「東」とか、この国は「西」とか、そんなにきれいに色分けできるものかなあ？

実際には西側諸国にも、国としてはソ連に敵対しているけれど、個人としてはソ連を「理想を実現した国」と見る人もいました。逆に、ソ連の体制が嫌だという人々が西側の国々へ亡命するケースもありました。

冷戦時代には、敵対はしてたけど、実戦にはならなかったわけだよね。

はい。アメリカもソ連も核兵器を持っているので、「やったらやられる」リスクが大きく攻撃ができません。ただし直接対決ができない代わりに、核開発の熾烈《しれつ》な競争をくり広げます。第二次世界大戦のなかで、まず核兵器をアメリカが持ちました。技術はすぐに流出しますから、４年後にはソ連も核開発に成功しました。その後は、核攻撃の手段となるミサイル開発の競争ですね。

ただ、冷戦中いよいよ核戦争になるのでは、という危機的な状況になったこともあります。それが１９６２年のキューバ危機でした。

ちょっと待って、なんでいきなりキューバが出てくるの?

キューバはアメリカのすぐ南にあり、もとはスペインの植民地でしたが、アメリカが最初の海外進出でスペインから「解放」した国です。その後はアメリカの属国のような立場で砂糖産業に頼る小国でした。しかし、１９５９年に革命が起きて社会主義国になり、ソ連と関係を深めていきます。ソ連はキューバにミサイル基地をつくろうとしましたが、アメリカとしては自分たちのすぐ近くに核弾頭を積んだミサイルの基地が建設されたらたまりません。ミサイル基地を撤去させるため、キューバを海上封鎖してソ連の船が通航できないようにしました。それで一触即発の事態となった。そのまま核戦争に発展するのではないかと、世界じゅうが緊迫したのです。結局、アメリカがトルコに配備していた核兵器を撤去し、ソ連はキューバの核基地を撤去するということで妥協が成立し、危機をまぬかれました。このキューバ危機をきっかけに、核兵器は実際には使用できない兵器であることがはっきりしました。

使えない兵器なのに、なんでたくさんつくられるの？

核抑止という考え方があるからです。一方が先に核兵器で攻撃をしたとします。相手が反撃できるだけの核兵器を持っていれば、ただちに核兵器で反撃されることになる。これを「相互確証破壊」といいますが、反撃されるとわかっていれば、先制攻撃は思いとどまる。核兵器を持つことで外国からの攻撃を抑止できる、という理屈です。

だから、核兵器をたくさん持ってたほうがいいってこと？

そうです。これが核武装を肯定する論理なんです。

うーん……、でも変じゃない？ 相手をおどすために核兵器を持つんだよね。でも使ったら人類が終わるでしょ。ヤバいじゃん。使わないって最初からわかってるものが、ホントにおどしの手段になるのかなあ。

理屈で考えれば、たしかにこの論理は破綻しています。どんな理由でも、使うことが認められない兵器ですから。ところが、これが戦争抑止になると本気で考える国々によって核兵器は積極的に開発され、競って配備されつづけてきました。そうやって「攻撃しない」状態で、沈黙の戦争がおこなわれていた。これが冷戦の姿でした。

結局、冷戦はどうやって終わったの？

冷戦は、1989年に東西冷戦の象徴だったベルリンの壁が崩壊し、同年アメリカのブッシュ大統領とソ連のゴルバチョフ最高会議議長が会談して「冷戦終結」を宣言するまで、約40年間続きました。そしてソ連の社会主義体制は崩れ、ロシアになりました。

冷戦終結によって、ソ連を構成した旧連邦諸国や東ヨーロッパの旧社会主義諸国は、資本主義へと体制を転換していきます。結局、社会主義のシステムが、個人が競争して儲ける自由主義のシステムに負けたということになるでしょう。国家体制が硬直するし、国民も経済的な不満を高めたわけですね。ゴルバチョフはソ連を改革しようとしたけれど、時すでに遅し。改革しようとしたら崩壊してしまった。

自由主義が勝ったんだ。自由なほうがいいもんね。よかった、のかな?

戦争抑止力になるという理屈で増えつづけた核兵器は、いま現在も世界に1万2千発以上あると言われています。その90パーセントはアメリカとロシアのものです。そして冷戦の結果、以後テロリズムの根を各地に深く張りめぐらせることにつながりました。

全然よくないじゃん……!

核兵器がこんなに増えたってことは……、もしかすると最終手段として1ミリくらい実際に使う気があったのかな。

いやいや、怖すぎるって。地球に住めなくなるでしょ。

相互確証破壊は、英語でMutual Assured Destructionです。この頭文字をとってMADと呼ばれます。英語でmadといえば、「狂った」「馬鹿げた」という意味です。人間に対して使うことがいかなる意味でも認められないようなものが、戦争抑止になるという論理は、これを提唱した人たち自身も、正気の沙汰ではないと気づいていたと思います。それでもこの論理が真面目に議論され、核兵器が増えつづけていたのですね。いまでもそうでしょう。

冷戦中の代理戦争から、
終わらない「対テロ戦争」へ。
「悪を懲《こ》らしめる」という構図で
はじまった戦争って？

冷戦中に起きていた凄惨な代理戦争

40年も冷戦が続いているあいだ、アメリカとソ連の直接対決はなかったわけだよね。全体的には世界は平和だったってこと？

とんでもない。そのあいだに地域的な戦争がかなりの規模で起きています。

なんで、そういうことになっちゃったの？

植民地の独立がはじまったからです。とくに1960年代の前半は、アジアやアフリカに多くの独立国が生まれました。独立闘争に冷戦の構造がからみ、その結果、複雑な大国の代理戦争になっていきました。そして冷戦後になると、西側諸国にとっての「次なる敵」が現れます。

えっ、また敵⁉

中東のイスラム教原理主義です。これが現在に続く「対テロ戦争」へとつながっていきます。

世界の警察官アメリカ主導の「正義」のための戦争

まず疑問なんだけど。植民地の独立にどうして冷戦がからんでくるの？

植民地を支配していたのは、いわゆる資本主義国でした。そうした国々から植民地が独立するのを支援したのが、西側と対立していたソ連だったのです。ソ連は武器を送って独立闘争を後押しします。そして、ソ連の支援で独立した国の多くは社会主義国となりました。共産主義をめざす国が増えるのは、アメリカとしては面白くありませんよね。ましてや、自国の勢力圏に近い国が社会主義国として独立すると、アメリカはそれを潰そうとします。アメリカの諜報《ちょうほう》機関ＣＩＡの暗躍によって、その国の政権が転覆されたり、内乱になったりしました。第二次世界大戦で日本が進駐していたベトナムもそうですね。

ベトナム戦争か……。

独立運動は多くの場合、非合法あつかいされ、運動をしている人々は地下へ潜らざるを得ません。そして、敵国の駐屯地《ちゅうとんち》を襲撃したり、不意打ちの爆撃をするといった戦い方をとるようになります。つまり、植民地を支配する大国と、独立派武装勢力との戦いは、形の上では、のちの「テロとの戦争」につながっています。

でも、やっと冷戦が終わってソ連もなくなったわけでしょ？　どうして中東のイスラム教原理主義を「次なる敵」なんて思っちゃったのかな？

まず、西側にとって中東がどういう地域かというと、「石油の採れる地域」です。だから自分たちがコントロールできるようにしておきたいわけですね。ところがそんな中東の大国イランで、１９７９年にイスラム革命が起きました。

それのなにが問題だったの？

じつは革命前のイランは、アメリカ寄りの王国でした。それが革命によって反米的なイスラムの宗教国家になったわけです。これは大きな衝撃でした。なぜなら、西洋のこれまでの常識では、民衆が革命を起こして強権的な政府を倒すというのは、民主化を求めておこなわれるものだったからです。つまり、宗教と結びついた古い王政を脱し、現代的で民主的な政府をつくるのが革命だったはずです。ところが、イランではそうではありませんでした。

イスラム革命では、当初いろいろな勢力がありましたが、最終的にはホメイニ師を立てたシーア派のイスラム教原理主義が権力を持つようになりました。このイスラム教原理主義がほかの国にも広がることをアメリカは警戒しました。当時はまだ冷戦が続いていたわけですが、共産主義はそのうち解消されるにせよ、次はこういう敵が待っている、だから戦時体制をきちんと固めておかないと、という緊張感が高まってきたのです。

そして１９９０年には、イランの隣国イラクのサダム・フセイン政権が隣国のクウェートに侵攻します。国連はイラクに対して軍の撤退勧告や経済制裁もしましたが、イラクはこれに応じずクウェートの併合を実行しました。これに対してアメリカ軍がイラクを攻撃し、湾岸戦争となります。

えっと、そもそもイラクはなんでそんなことをしたの？

イラクとクウェートは、19世紀にはどちらもオスマン帝国の領土の一部でしたが、イギリスがクウェートを保護国としたため、別々になった経緯があります。それでイラクは「この土地はもともと自分たちのものだった」と主張したのですが、アメリカはこれを許しませんでした。

だからって戦争までするなんて……。

アメリカとしては、世界の秩序を守るために戦争を起こしたことになります。これまでは、すべての国は独立した主権国家だというベースがあり、戦争も対等な国家どうしでおこなわれるものでした。しかし、戦争の構図はまたも変わり、「世界の秩序を乱す悪」対「悪を取り締まる正義」という図式となりました。

イラクを懲らしめるための罰としての戦争って感じなんだ。

そうです。しかもアメリカは自分の国だけでなく各国に協力を求め、イギリスやフランスなど30カ国近くが参加する多国籍軍を組織して戦いました。結果、多国籍軍が圧勝し、イラク軍はクウェートから撤退しました。しかし、当然のことながらイラクの反米感情は高まります。それだけでなく、イランやイラクに共感する中東地域の人々も含めてアメリカへの反発が増していきます。こうして2001年9月11日、アメリカは不意打ちの本土攻撃を受けることになるのです。アメリカ同時多発テロ事件です。

そこから戦争が本格的に「国」対「テロリスト」の構図になっていくんだ。

そうだ、ウェストファリア体制ってあったよね。宣戦布告をするとか、市民と戦闘員を区別して攻撃するとか、そういうルールがあったけど……あれは国どうしの戦争の場合だったよね。

当時のアメリカ国防長官ラムズフェルドは「ウェストファリア体制はもう古い」と発言しています。これは、アメリカの危機なのだから国家間秩序や国際法は無視してもいい、という宣言でもあります。そもそもウェストファリア体制は、戦争に善悪はないというのが前提でした。「正義の戦争」は外していたのです。ところが、この戦争は国と「犯罪者」の対決です。だからルールを無視してもかまわないということになった。国の主権を認める対等な戦争から、戦争じたいの次元が変わったのです。意に沿わない相手を連合軍で潰すという、非対称な形の戦争になりました。アメリカはテロリストを掃討《そうとう》するためという名目で、アフガニスタンを国ごと攻撃します。

国ごと攻撃って、テロリストじゃない人もたくさんいるのに……。

いままでの戦争概念であれば、これは戦争というより相手国に対する「主権侵害」ということになります。これを公然と「戦争」と呼ぶことになったのも大きな変化です。結局、この「戦争」は20年間におよび、アメリカ史上もっとも長い戦争と言われます。

そんなに長いあいだ戦争してたんだ。

さらにアメリカはアフガニスタンと同時進行で、同じ中東でもうひとつ戦争をしていました。それがイラク戦争です。2003年、「テロリストに協力した」「湾岸戦争の停戦条件だった大量破壊兵器を廃棄せず、隠している」といった理由で、アメリカはイラクに軍事侵攻します。主要国もこれに協力し、アメリカを中心とする有志の連合軍がイラクの首都バグダッドを爆撃しました。ドイツやフランスなど反対する国もありましたが、国連の決議がないまま攻撃を強行しています。アメリカはこの戦争に「イラクの自由作戦」という名称を使いました。結果、フセイン大統領は逃亡して国家体制は崩壊し、イラクにはアメリカが暫定行政統治機構をつくりました。

ちなみに、このときのアメリカの言い分は、戦争はイラクの人たちを「解放する」ため、というものでした。

ん、解放？

イラクのサダム・フセインの独裁政権が、そこに暮らす人たちを苦しめている。だからイラクの「解放」と「民主化」のために戦うのだという理屈です。つまりこの戦争は

「正義」ということになります。けれど、イラクでは大規模な空爆で生きる場を破壊されて、多くの人が殺されたり路頭に迷ったり難民になっています。「イスラム国」などあらたな抵抗勢力も生まれました。これがいわゆる「正義の戦争」のあらましです。

イラク戦争では、民間の軍事会社が政府の委託で幅広い業務についていました。現在はさらに戦争における民営化や外注が増え、政府が軍事をおこなう時代ではなくなってきています。そもそもアメリカはベトナム戦争が終わってから徴兵制を廃止しており、兵士は職業の一部となっています。民間企業は営利組織ですから、戦争が続くかぎり儲けることができます。軍需産業が活気づけば景気は良くなり、GDPは上がり、経済成長しつづけることができます。現代の戦争は、多くの部分が政治から経済の領域へと主眼が移ってきているのです。

お金がらみの戦争か。なんだかゾッとするね……。

神を掲げて戦った宗教戦争の時代から戦争の変遷を見てきたけど、いま僕たちは戦争が産業化してきた時代にいるってことなんだ……。

第3章まとめ

戦争はどうして起きてきたの?

・ヨーロッパの宗教戦争は「神」を掲げて泥沼化。その反省から、戦争は主権国家だけに認めるウェストファリア体制が確立された。これがヨーロッパの国際秩序のベースとなり、戦争はルールを守っておこなうものとなった。それが世界に広まる。

・大国が植民地を支配するようになり、社会の近代化で産業構造や国民の意識も変化。戦争が起こると世界じゅうに拡大し、国民の日常生活、精神、すべてを巻き込む世界戦争に発展した。

・冷戦以降、一方的に「正義」を掲げる戦争が起きてきた。国と国ではなく、国とテロリストの戦いでは戦争のルールも無視され、テロリズムの再生産を断ち切れずにいる。

第4章

戦争は防げますか？

［戦争にブレーキをかける社会の動き］

さすがに落ち込むわ。ずーっと戦争してるし、いまだって変わらないんだ。

どれだけの人が犠牲になってきたんだろう……。

ほんとほんと。

いっそ、近代化なんてしないほうがよかったんじゃ。いや、そもそも文明が……そもそも地球上に人類が生まれたことが間違い……（ブツブツ）。

ちょっとちょっと！　いまさらそんなこと言ってもしょうがないじゃん。

だって……。戦争のこと、知れば知るほどツラくなっちゃうんだもん。

でもほら、この状況をどうにか変えようとして、いろいろ頑張ってる人もいるでしょ。戦争をどうしたらなくせるかって。ね、ウサもん、そうでしょ？

たしかに人類は、数々の戦禍への反省から、戦争を抑制するシステムを考案してきましたよ。

でしょ？　どんなしくみになってるのか教えてよ。

わかりました。戦争へのブレーキ機能を果たす要素についてピックアップしてみましょう。

それでも世界は
平和をめざしてきた。
戦争への反省から生まれた
普遍的人権って？

人類が到達した戦争のストッパーとは

まず、戦争に対抗することのできる大原則を、人類はすでに見つけています。

え？　なにそれ、めっちゃ気になるんですけど！

世界が二度と破滅的な戦争に向かわないよう、人類レベルで考え、到達した原則です。

うんうん。

世界に生きるすべての個人が持つべきものであり、全世界が社会に広めるべく努力してきたものです。

もう、もったいぶらないで早く教えてよ！

それは、「人権」です。

……いや、わかるよ？　人権だよね、人として生きる権利だっけ？　それがすごーく大事なことだっていうのはわかってるよ。でも理想にすぎないっていうか。

ぶっちゃけ、きれいごとじゃない？　それで戦争はなくならないでしょ。

ただ、これこそ戦争という災厄からの出口と考えられたものでした。

世界じゅうですべての人にあたえられている権利

第二次世界大戦を経験した国際社会は、ふたたびこのようなことを起こさないためにどうしたらいいかを検討しました。そして、それぞれの国で暮らす人が、幸福で安定して生きられることが必要だ、としたのです。

え、人の幸せ？　国と国の関係をよくするとかそういうことじゃなくて？

第一次世界大戦後のドイツを思い返してみましょう。多額の賠償金を請求されたことに加え、世界恐慌のあおりで経済が不安定になりました。人々は、現状を打破するために独裁的なヒトラーを選び、また戦争に突入してしまった。暮らしが不安定になると、不安や憎悪が増すのです。幸せに安定して生きていれば、たとえ政権を担う人物が戦争をもくろんでも国民がそれを支持する図式は生まれないはず、という考え方です。

でも「幸せ」って言われてもフワっとしてて……。具体的になにが必要なの？

まず考えられたのは、労働する権利です。産業が発達した社会で安定して生きていくには、賃金を稼ぐための仕事が必要ですよね。

たしかに、仕事がなくて明日の食べものにも困るようだと不安になるよね。

じつは、この考えじたいは第一次世界大戦後にはもう存在していました。働く人の権利が守られないと国内問題のはけ口が外に向けられ、戦争を求める動きにつながることに気づいていたのです。1919年には世界の労働者の権利保護と自立を目的にILO（国際労働機関）がつくられました。ところが戦争の流れは止められませんでした。

　ヨーロッパで第二次世界大戦の終結が見えてきた1944年5月10日、アメリカのフィラデルフィアでILOの総会が開かれました。ここで、ファシズム国家を生まず、産業が発達しても戦争にならないような社会権の保障が必要という結論になりました。

社会権って？

人権のひとつです。社会に参加する権利ですね。教育を受ける権利や勤労の権利などが含まれています。そして、ILOの総会で話し合われたことをもとにフィラデルフィア宣言が発表されました。以後、人権の保障こそ世界平和の基礎であるという考え方が主流になり、人権の尊重をうたう国連憲章や世界人権宣言に影響をあたえることになります。

世界人権宣言ってなに？

1948年の国連第3回総会で採択された宣言です。すべての人が、「生まれながら人権を持っている」と初めて国際的にうたわれました。あらゆる人に生きていく権利があるという宣言であり、差別なく一人ひとりが生きていくことを肯定し、すべての国でそれを守ることを国連加盟国の基準としたのです。

人権っていう考え方は、それまではなかったの？

いいえ、フランス革命後にはすでにベースとなる考え方がありました。実際に1789年に「人権宣言」が出され、人は生まれながらに自由で、平等に権利があたえられているとしています。ただしこのとき、権利を持つ人に女性は含まれていませんでした。さらに19世紀に入っても、植民地などの「非文明的」な地域の人々には「人権がある」という考え方は全然なされませんでした。

ひと握りの人にしか、人権は認められてなかったんだね。

人権と言いながらも、結果的には「人種差別」をおこなっていたのです。これがヨーロッパに跳《は》ね返ってくるかのように、第二次世界大戦ではナチスによるホロコーストのような大虐殺が起きてしまいました。さらには、アメリカによる日本への原爆投下、日本によるアジアへの侵略など、戦時下では人権が顧《かえり》みられることなく、多くの犠牲を生みました。だからこそ、すべての人に保障されるべき「普遍的人権」という考え方が世界に発信されたのは画期的だったんです。

普遍的人権という考え方はその後、世界各国の憲法や法律に取り入れられるとともに、さまざまな国際会議の決議にも用いられ、世界に強い影響を及ぼしました。

世界人権宣言ってどんなこと書いてあるんだろ? あっ、「やさしい日本語で読む世界人権宣言」ってホームページ※がある。……どれどれ、第1条は「わたしたちはみな、生まれながらにして自由です。ひとりひとりがかけがえのない人間であり、その値打ちも同じです。だからたがいによく考え、助けあわねばなりません」。なにこれ! めちゃくちゃ刺さるんですけど。

へえ、仕事や休む権利についても書かれてる。第16条は「おとなになったら、だれとでも好きな人と結婚し、家庭がもてます。結婚も、家庭生活も、離婚もだれにも口出しされずに、当人同士が決めることです。家族は社会と国によって、守られます」

※ 国際連合広報センター「やさしい日本語で読む世界人権宣言」
（谷川俊太郎 / アムネスティ・インターナショナル日本訳）

だって。こんなこと言ってくれてるんだ。

以降、人権の保障が世界平和の基礎であるという考え方が広まります。普遍的人権が社会に定着しなければ、人類を滅ぼす戦争は避けられない――それが戦後社会における世界共通の不安でした。ただの理想ではない切実さが、当時の世界にはあったんですね。

誰でも一人ひとりが尊重されなきゃいけないって感覚、私、これまで持ってなかったかもしれない。

ほんとほんと。自分を大事にすることでもあるし、自分とはちがう、偏見を持っちゃうような人も大切にされるべきなんだって、そんな考え方なかったな。こういう価値観でまわりを見たら、見え方も変わってきそう!

戦争を起こした国や人間を罪に問い、裁判にかけることで整えられるようになった、新しい国際システムとは？

戦争をはじめることは法が許さない

第二次世界大戦が終わったあと、国連憲章で戦争は原則禁止となりましたね。

あんな戦争、禁止にしなきゃ人類が終わる……。

それまでは国が戦争をすることは認められてたんだから、画期的だよね。

戦争をはじめることじたいが「罪」となって、法廷で裁かれるようになりました。

裁判するってこと？　懲役何年とか、賠償金とか、そういう罰もあったの？

はい。第二次世界大戦ではまずナチス・ドイツが国際法廷で裁判にかけられました。
ヒトラーや数人の側近は戦争末期に自死しましたが、その他のナチス幹部が処罰されました。

処罰っていうのは……。

死刑や終身刑、禁固刑を科せられています。

死刑……！

国の主権を超えて、戦争の罪を裁く

戦争を意図的におこなえば、それは世界に影響を及ぼす「人類に対する罪」として、国を超えた国際法廷で裁かれることになりました。

　ドイツが無条件降伏をした約半年後、ナチスの指導者たちの責任を追及する裁判がはじまりました。戦争中からドイツの占領地での残虐行為は非難されており、連合国は戦争終結後を見越して戦争犯罪を処罰する準備をはじめました。

それって、勝った側が裁くんだよね。

はい。アメリカ、イギリス、ソ連、フランスの4カ国が任命した裁判官が裁判をおこないました。ドイツのニュルンベルク市で開かれたので、ニュルンベルク国際軍事裁判と呼ばれます。このとき、罪状は大きく3つに整理されました。まず、捕虜や民間人の虐待など、従来の国際法のルールを破ったことに対する「通例の戦争犯罪」。そしてあらたに、政治や人種、宗教的な理由で民間人を迫害したり、大量殺戮《さつりく》をおこなう「人道に対する犯罪」と、戦争を起こした指導者に対する「平和に対する犯罪」が加わりました。こうした罪状は、戦争末期から連合国の判事が集まり検討を重ねて決まったものです。

でも、裁判ってことは、ナチスを弁護する人もいたの？

はい。被告となったナチスの指導者には、ドイツ人の弁護人がつきました。弁護人は、戦争をはじめた時点で存在しなかった罪に関しては法的に問えないということや、戦争は国家がするものだから個人の責任は問えないとして無罪を主張しましたが、退けられました。裁判にかけられた22名中、12名が死刑となっています。

うーん……。そうだ、日本も戦争が終わってから東京裁判があったよね？

はい。正式には極東国際軍事裁判といいます。ニュルンベルク裁判と同様に、3つの罪状をもとに、日本を占領した連合国によって政府や軍の指導者が裁判にかけられました。平和に対する罪が「A級」、通例の戦争犯罪が「B級」、人道に対する罪が「C級」とされ、A級戦犯だけでも28名の被告のうち東条英機をはじめ7名に死刑判決が出ています。

これで、戦争をはじめることは許されないぞって、世界に知れわたったよね。

責任者をこうした国際的な法廷で裁いて処罰するということは、戦争で殺害された人の家族など被害者の報復を防ぐという意味でも必要でした。現在では、戦争犯罪を裁く法廷として国際刑事裁判所（ICC）が常設されており、戦争犯罪をおこなった個人を裁くことができるようになっています。ただし、戦犯裁判で戦勝国が裁かれたことはなく、敗戦国や中小国に限定されているという現実もあります。

そうか、勝った国は罪に問われないって、モヤっとするよね……。

ほかにも1945年に、国と国とのあいだに起きた紛争を解決するための国際的な裁判所として、国際司法裁判所（ICJ）も設立されました。

えっ？　国を裁判にかけるの？

そうです。国連の司法機関で、加盟国は他の加盟国を相手どって訴訟を起こせます。

たとえば、1984年に中米地域にあるニカラグアという国が、アメリカを提訴しました。アメリカがニカラグアに軍事行動をしたことが侵略にあたると訴えたのです。アメリカ政府は周辺諸国からの要請を受け集団的自衛権を行使したと主張しました。自国が攻撃されていなくても、その国から援助の要請があれば武力行使ができる権利を「集団的自衛権」といい、国連憲章51条で認められています。しかし裁判の結果、アメリカのこの主張は認められず、国際法違反ということでICJはアメリカに賠償を命じています。

裁判で解決できれば、戦争に発展するってことも減るかもね。裁判所が決着をつければ、報復合戦みたいになって戦争が大きくなることも防げるし。

ちなみに、国家を超えて裁くということは、被告となる国の「主権」が絶対的ではないということです。国内のことをなんでも決められるのは「主権」の特権でしたが、その主権の意思をほかの国が裁くということは、他国の主権を制約し、国際的なルールにより大きな意味をあたえることにもなります。第二次世界大戦後の世界は、それまでとは基本構造が変わったということですね。

紛争や戦争に対して、国際社会が法で裁くっていうしくみは画期的だよね。

完璧じゃないにしても、抑制することにはつながるのかな。一般の裁判と一緒で、「有罪」の判例が増えるほど、事前に「これは罪になる」って予想できるようになって機能していく部分はあるのかも。

さまざまな紛争を平和的に
解決するために、
私たちはどうすればいい？
国連と安全保障理事会
の課題って？

平和のための機関「国連」

やっぱり、この世界で戦争を止めるために国連は絶対に必要だよね。

でも、国連っていまいち実態がわかんないっていうか……。

たしかに。なんかいろんな国の人が集まって話し合ってるイメージだけど。

190カ国以上が加盟する国連は、紛争を平和的に解決するための機関です。

でも、いまのしくみってもしかするとあんまりうまくいってないのかもよ……。

だって戦争は各地でずっと続いてるわけだし。

そうか。じゃあ、いったいなにが問題になってるの？

国際的な戦争抑止システムの課題

国連にはいろいろな組織がありますが、なかでも紛争や安全を脅《おびや》かす問題について話し合うためにつくられたのが安全保障理事会です。ニュースなどではよく「安保理《あんぽり》」ともいわれますね。ちなみに、安全保障理事会は何カ国で構成されているでしょうか？

あ、加盟国全体で話し合うんじゃないんだ。そっか、理事会ってことは、団体を代表してる国の集会ってことだもんね。

正解は15カ国。常任理事国の中国、フランス、ロシア、イギリス、アメリカの５カ国と、非常任理事国の10カ国ですね。非常任理事国は任期が2年で、いろいろな国が入れ替わります。日本も直近では２０２３年から2年間、非常任理事国になっています。

安全保障理事会は投票でものごとを決めます。票は1カ国につき1票ずつあたえられていて、賛成か反対かを投票します。採択されるには、９カ国の理事国の賛成投票が必要になります。ただし、もし常任理事国から1票でも反対票が入れば、否決となります。

え、たった1票で？

はい。これが非常任理事国からの反対票ならば、可決となる可能性はありますが、常任理事国の場合は、どこか1国が反対投票をした瞬間、その決議案は否決となります。この常任理事国による反対投票は「拒否権」と呼ばれています。

２０２２年にロシアによるウクライナへの侵攻がはじまってすぐ、国連の安全保障理事会ではロシア軍の即時撤退などを求める決議案が採決にかけられました。理事国15カ国のうち11カ国が賛成しましたが、ロシアが拒否権を使い、否決されました。

ってことは、常任理事国はめちゃくちゃ強い権限を持ってるってことじゃん。

じつは国連の戦争抑止のシステムは、ここがネックなのです。拒否権は中国、フランス、ロシア、イギリス、アメリカという大国の発言権を維持することがねらいです。ちなみに、これらの国は第二次世界大戦での戦勝国でもあります。

また、たとえ安全保障理事会にかけられた決議案が全会一致で決定したとしても、それを実施する義務は負うものの、最終的にどうするかはそれぞれの国にゆだねられます。

えー！　そうなの？

それから、こんどは国連憲章の問題です。2022年2月24日、ロシアのプーチン大統領はウクライナへの侵攻を「特別軍事作戦」と呼び、ロシアの国連大使は「国連憲章51条にもとづいて決定した」と軍事侵攻を説明しています。国連憲章51条では自衛権を認めていますから、ウクライナへの攻撃はその法をちゃんと守っていると主張したのです。アメリカも同じように自衛のためという理由でイラク戦争などを正当化してきました。国際的な法があったとしても、武力行使をおこなう余地は残されている、ということです。

でも国連には、国を超えて裁くしくみがあったでしょ？　裁判で「罪」ってことになれば、さすがに好き勝手にはできないでしょ。

国と国が裁判をおこなう国際司法裁判所（ＩＣＪ）ですね。たとえば、それでロシアの侵攻について、ウクライナが訴えを起こすとします。しかし、残念ながらＩＣＪで裁判するには、紛争当事国である両方の同意が必要です。つまりロシアが被告となることに同意しなければ裁判じたい、起こすことができないのです。しかもＩＣＪは一審制なので、上訴もできません。各国が利用しやすいシステムにはなっていないのが現実です。

さらに、ＩＣＪには国の裁判所のように判決を強制執行する権限がありません。さきほど、ニカラグアがＩＣＪにアメリカの軍事行動を訴えて、違法だと認められた事例を紹介しました。あの話には続きがあって、ＩＣＪはアメリカに賠償を命じたものの、その判決をアメリカは守りませんでした。そこでニカラグアがこんどは安全保障理事会に提訴したところ、アメリカが拒否権を使って否決されてしまったのです。

つ、使えない……。そうだ、ほかにも戦争犯罪をおこなった個人を国際法廷が裁くしくみがあったよね。

よく覚えていましたね。国際刑事裁判所（ICC）です。ICCが規定する戦争犯罪としては、民間人や捕虜などの殺人や拷問、財産の破壊、民間施設への意図的な攻撃、毒ガスの使用、性暴力などがあり、これらの戦争犯罪をおこなった人物に対して逮捕状を出すことはできます。独裁政権のトップだったとしても逮捕は可能です。

じゃあ、それで逮捕しちゃえば戦争を止められるんじゃない？

しかし、身柄を拘束《こうそく》するためには、その国に入国しなければなりませんよね。相手国が入国を拒否すれば物理的に逮捕することができないのです。また、ICCの加盟国以外の国へ逃亡してしまうと、捜査に協力してもらえず逮捕ができません。したがって裁判もできない、ということが起きます。じつはICCには、自分の国の主権が侵害されることを懸念して、加盟を見合わせている国もたくさんあります。アメリカもロシアも中国もそうです。

もちろんこれまで安全保障理事会は、国際法をもとに紛争を解決につなげた実績もあります。ただ、とくにロシアのウクライナ侵攻がはじまってからの経過を見ると、国際法や国連のしくみが機能していないのではないか、という向きも強まっています。

うう……。いまのシステムって課題がたくさんあるんだ。でも、そのしくみすらなかったら、もっと悲惨なことになっちゃうもんね。

世界じゅうが無法地帯になっちゃうかも……。

「二度と戦争はしない」
という日本の
憲法第９条と
戦後の日本社会は
どう関係してきたの？

日本は憲法第9条があるから、絶対に戦争はしない？

日本で考えると、戦争にブレーキをかけてるのって、やっぱり憲法なのかな？

まあ、9条で「戦争しない」って言ってるもんね。実際、第二次世界大戦のあと日本はずっと戦争してないわけだし。

これからも日本が戦争することはないよね？　それなら安心だわ。

でもなあ、日本から戦争はしかけないけど、外国が攻撃してくるってパターンは、もしかしたらあるかもしれなくない？

えっ、じゃあいまのままじゃダメなの？　そういえば、憲法を変えたほうがいいとかどこかで聞いたことがあるような……。

現在の憲法ができてから、すでに70年以上が経っています。一度も改正されていないのでアップデートが必要なのではないか、という意見があります。

現実に見合ってないところが出てきてるってこと？

ただ、この先に憲法を変える変えないにかかわらず、戦争に対する日本の社会体制はすでに大きく変わっています。

え、どういうこと？

憲法の解釈を変えて生まれたあらたな法制度

日本の戦後の憲法では、戦争しないことを大原則に掲げています。日本のさまざまな決まりごとは、この日本国憲法に従ってつくられているわけですが、そもそもおふたりは、憲法にどういったことが書かれているかご存じですか？

うっ……、ほとんど知らない。

日本国憲法は11章103条から構成されています。最初に前文があるのですが、たとえばこんな一節があります。

「政府の行為によつて再び戦争の惨禍が起ることのないやうにすることを決意し、

ここに主権が国民に存することを宣言し、この憲法を確定する」
「われらは、全世界の国民が、ひとしく恐怖と欠乏から免かれ、平和のうちに生存する権利を有することを確認する」

やだ、なんかエモくない？　これが前文なんだ。

それで、憲法9条って具体的になにが書いてあるんだっけ？

前文に掲げられている平和に対する前提を、9条で具体的な法規定として表しています。せっかくですからここに引用しましょう。

第2章　戦争の放棄

第9条

日本国民は、正義と秩序を基調とする国際平和を誠実に希求し、国権の発動たる戦争と、武力による威嚇又は武力の行使は、国際紛争を解決する手段としては、永久にこれを放棄する。

②前項の目的を達するため、陸海空軍その他の戦力は、これを保持しない。
国の交戦権は、これを認めない。

けっこう短いね。9条を改正するかどうかって、この文章のこと言ってたのか。

そうです。9条では「戦争の放棄」「戦力の不保持」「交戦権の否認」が定められていて、憲法の平和主義の三原則と呼ばれます。たとえば、国連憲章で定めている戦争の原則禁止は、自衛のための戦争を認めています。しかし日本国憲法の条文はどんな戦争も認めていません。そしてその姿勢を徹底するために、戦力を持たないことと、交戦権を否定していることが、日本国憲法の特徴と言えるでしょう。「戦争をしない」というのは、戦後日本の世界に対する約束のようなもので、その姿勢があったからこそ、日本は国際社会にふたたび受け入れられてきた側面があります。

ただし、「陸海空軍その他の戦力は、これを保持しない」という部分については、自衛隊と9条との関係が長く議論されてきました。

たしかに、自衛隊が軍じゃないって言われても、軍っぽい感じもするし。

そもそも自衛隊は1950年に勃発した朝鮮戦争をきっかけに誕生しました。当時、日本はGHQ（連合国軍最高司令官総司令部）の占領下に置かれていましたが、朝鮮戦争が起きるとアメリカ軍はそちらに出撃し、日本が軍事的に空白になります。そこでアメリカ軍の不足分を補うために、最高司令官のマッカーサーが「警察予備隊」をつくるように日本に指示しました。

ん？　警察予備隊？　じゃあ、はじめは警察だったの？

憲法があるため、軍とするのを避け、警察の予備組織としたのです。その後、警察予備隊から保安隊へ、そして自衛隊へと発展して現在の形になります。

自衛隊って、もとをたどればマッカーサーがつくったようなものなんだ。

その自衛隊が「戦力の不保持」を掲げる憲法に違反するかどうかは、いまも見解が分かれます。憲法違反を主張する憲法学者もいるなか、政府は自衛のための組織なのだから憲法違反ではないとし、自衛隊は続いてきました。ちなみに自由民主党（自民党）は憲法を改正して、自衛隊を憲法に明記することをめざしています。

憲法を改正するっていっても、そう簡単にはできないでしょ？

憲法を改正するには衆議院・参議院の各議院すべての議員の3分の2以上の賛成が必要で、さらに国民投票で過半数の賛成を得る必要があります。ただ、このような手続きを踏まなくても、憲法の解釈を変えれば、憲法を改正しなくてもあらたな法制度をつくることができます。

え、どういうこと？

政府は1972年に憲法9条についての見解をこう発表しました。武力行使をいっさい禁じているわけではなく、前文や13条に、一人ひとりの生命や自由、幸せになる権利を憲法が保障すると書かれているのだから、それらの権利を守るためには、自衛のための必要最低限度の武力の行使は許される。

武力？　じゃあ自衛隊も攻撃できるってこと？

はい、必要最低限度なら。そして2014年7月の国会では、日本をとりまく安全保障環境が変化しているという理由で、今後はほかの国に武力攻撃があった場合でも、これにより日本の存立が脅かされる明白な危険があるケースでは、日本が武力行使をしてもいいと解釈を広げました。

それって、憲法に「戦争はしない」って書いてあったのが、「同盟国のためならしてもいい」ってことになったってこと？

このときの閣議決定によって新しい法律が具体化し、2015年9月に安保関連法が成立しました。このあらたな法制度によって集団的自衛権が認められ、自衛隊の任務が拡大されました。これは戦後の日本の大きな転換点です。

解釈を変えたって、憲法的にはＯＫ？

この変更は、軍備増強と米軍との一体化という解釈にもなり、憲法学者のなかから違憲だという声が出ているのもまた事実です。ちなみに政府はこれを「平和安全法制」と呼んでいます。また、このような法改正は「積極的平和主義」と呼ばれています。

うーん、積極的っていうのは、軍事力の方面で積極的になるってことなんだ。

さらに2022年には、敵国がミサイルなどでこちらを攻撃してくる可能性がある場合、敵国のミサイル基地などを破壊する能力を持つことができる内容を盛り込んだ、あらたな「安保三文書（国家安全保障戦略・国家防衛戦略・防衛力整備計画）」が閣議決定されました。戦後日本のあり方は、この10年で大きく変わったと言えます。

日本が攻撃されることを前提に、いろいろ準備を進めているように見えるね。ここまで深刻になってるって知らなかったな。

それだけ、日本をとりまく状況は緊迫してるってことなのか……。

戦争が起こるリスクを
下げるために、
世界はなにをすればいい？
武器を「減らす」のか、
それとも「増やす」のか？

世界が協力して進めてきた軍縮

ねえ、本気で世界を平和にするなら、ミサイルとか戦車とか銃とか武器をこの世からなくすしかないと思わない？

それができるなら、とっくの昔にやってるでしょ。

じゃあ、なんでできないわけ？

武器を捨てたら別の国から攻撃されるかもしれないし。そういうのが怖くて進まないんじゃないの？　世界じゅうに武器ってめちゃくちゃあるわけだし。

ウサもん、実際のところどうなの？

国連を中心に世界が軍縮を求めてきたことは事実で、条約もいくつかできていますし、実際にその条約によって武器の廃棄が進められてきました。

ほらほら、そういう流れになってるじゃん。

しかし逆に、武器を増やして軍事力をつけようとしている国々もあります。

その国々ってもしかして……。

はい、日本も含まれていると言っていいでしょう。

安全保障のジレンマに陥る日本

まず、世界でいちばん軍事力がある国はどこだと思いますか？

やっぱりアメリカじゃない？

正解です。世界の軍事力ランキングはここ数年、1位はアメリカ、2位はロシア、3位は中国となっています。このランキングはアメリカの軍事力評価機関が145カ国を分析したもので、ここでいう軍事力とは、兵士の数、戦闘機や武器の数、国防予算など軍事に関わる60以上の項目を総合して算出されたものです。ちなみに2024年のランキングで日本は何位でしょうか？

うーん……20位くらい？

7位です。

うわっ、けっこう上位じゃん。

日本は防衛費が年々上がってきており、2023年度の予算は前年度予算より1兆円以上増えています。防衛費はこれまでGDP（国内総生産）比1パーセント程度でした。ところが2027年度には2パーセントにする方針となりました。2パーセントということは、1年で約11兆円を使うということになります。

1パーセントが2パーセントにって……倍になってる！

増えたお金で武器や弾薬を購入するほか、軍事力を高めるさまざまな使い道が予定されています。このとおりに軍事力を増やせば、日本は世界で3番目に軍事費支出が多くなると言われています。

えー！　3位になっちゃうの？

脅威が高まっているなかで日本を守るため、というのが政府の考えです。日本がしっかり武力を備えていることをまわりに示すことができれば、日本への攻撃を断念するだろうから、そのための防衛費というわけです。

それってうまくいくの？

「安全保障のジレンマ」という言葉をご存じでしょうか。AとBのふたつの国があったとして、まずA国が自分の国の安全を高めようと軍事力を強化したところ、B国はそれを脅威だと感じて軍備を強化する。それを知ったA国は自分の国が脅かされていると思い、さらに軍備を強化する。このように自分の国を守るために軍備を増やすと、結果として全体の安全保障の環境を悪化させてしまうという悪循環に陥るのです。

なにその不毛《ふもう》な争い！

自国の軍事力を強化する一方で、武器を減らしたり軍備を小さくしたりして国家間の不信感を取り払おうとする安全保障もあります。

そもそも軍縮の必要性は、第一次世界大戦後から叫ばれていました。実際にワシントン海軍軍縮条約やロンドン海軍軍縮条約が結ばれ、軍艦の数を制限する決まりができていました。さらに1932年からは国際連盟が主催し60カ国以上が参加する大きな軍縮会議が開かれ、航空機の数を制限したり、特定の規模を超える重火器や戦車の使用を制限する内容が話し合われてきました。しかしドイツがいずれからも脱退したことで失敗に終わります。

戦後は改めて軍縮に取り組もうということになり、常設の軍縮会議機関としてジュネーブ軍縮会議が設置され、国連やさまざまな機関で軍縮に取り組んできました。これまでに生物兵器禁止条約、化学兵器禁止条約、対人地雷禁止条約などの成果があります。

日本も武器を減らしてるの？

はい。２０１０年に発効したクラスター弾に関する条約では、日本は条約締結後、自衛隊が保有するクラスター弾の廃棄を完了しました。また化学兵器禁止条約にもとづいて、日本軍がかつて中国で使った化学兵器の回収や廃棄処理を現在も続けています。

あとは核兵器も心配なんだけど、それはどうなってるの？

アメリカとソ連は、１９８７年に中距離核戦力（ＩＮＦ）全廃条約に署名しました。これは、射程５００～５５００キロメートルの弾道ミサイルと巡航ミサイルを全廃するもので、両国で約２７００基のミサイルが廃棄されています。

じゃあ、その中距離核戦力に関しては、もうこの世からなくなったの？

いえ、廃棄されたのは地上に配備されるタイプの中距離ミサイルのみで、海洋配備や爆撃機に搭載されているタイプは含まれていません。しかも２０１９年にトランプ政権はＩＮＦ条約から離脱し、条約は失効しました。

そんなあ……。もう核兵器は減らせないの？

核兵器の制限について現在効力を持っているのが、核兵器不拡散条約です。この条約は、すでに核を保有しているアメリカ、ロシア、イギリス、フランス、中国以外は核兵器を持ってはいけないこと、その他の国は核エネルギーを医療や工業分野、原子力発電といった平和利用にだけ使えることになっています。

ということは、いま核兵器を持っているのはその5つの国だけ？

いいえ、条約に参加していないインド、パキスタン、イスラエルと、この条約から脱退したと主張している北朝鮮は、いずれも核兵器を持っています。あとは、核兵器に関するあらたな条約として、2021年に核兵器禁止条約が発効しました。核兵器の開発も保有も、もちろん使用も、あらゆる活動を例外なく禁止する条約です。

画期的じゃん！

この条約は2024年の時点で70カ国が批准しています。ただし核兵器保有国や北大西洋条約機構（NATO）の国々はこの条約に参加していません。

そっか、アメリカとかロシアとか中国とか、肝心な国は入ってない……。でも日本は当然入ってるんでしょ？

いいえ、日本も不参加です。

被爆国なのに？　なんで？

アメリカの「核の傘」に守ってもらっている状況だからです。核の傘というのは、日本になにかあればアメリカが日本に代わって、核兵器で敵を攻撃してくれる（そういう関係にあると示す）体制のことをいいます。一方で日本は、核兵器のない世界をめざして、世界に核廃絶の取り組みを求める決議案も提出しています。

え……ええ？　どっちなの？　どうしたいの？

核廃絶を提言はするけれど、核兵器が持つ抑止力を認め、それに頼っているという矛盾《むじゅん》した状況が現在の日本なのです。

武器を買うことより、武器を減らすのって時間も手間もかかるんだね。

被爆国なのに核兵器を否定できないなんて……。

産業を通じて、
世界は広くつながっている。
経済活動は戦争の火種？
それとも歯止め役になれる？

戦争より経済のつながりが大事？

中国の脅威が高まってるっていってもさ、実際には仕事で中国と関わってる日本の会社っていっぱいあるよね。

あるある。私の使ってるパソコンだって、中国のメーカーだもん。このあいだスーパーで買った魚は、ロシアから輸入したものだったし。

これだけ世界がつながってるってことは、戦争のあり方にも影響するんじゃないかな？　いろんな国とのビジネスがあって、社会がまわってるわけだし。

普通に考えたら戦争してる場合じゃないよね。

たしかに、戦争よりも経済成長に世界は関心を向けている面はあるでしょう。ただ、経済でつながることが衝突の要因になってきた面も見逃せません。

え、そうなの？

第二次世界大戦がまさにそうでした。一方で、そこから戦争抑止のシステムも生まれていますから、経済でつながるということは、戦争と平和の両方に影響があるのです。

経済上のいざこざを解消する国際システム

経済でつながってるこの状況って、僕はいいことだと思うんだけど。

たしかに経済的に密接な関係にあれば、仮に紛争になったとき双方の国とも失うものが多くなるから戦争は回避できる、という考え方はあります。戦争によって得られる利益と失われる利益を天秤《てんびん》にかけて、後者のほうが大きければ戦争は抑制されるという。ただ、いつも戦争を回避できるとはかぎりません。経済の結びつきが強くなればなるだけ火種となりうる争点も増えるからです。

経済面でのトラブルってこと？

はい。第二次世界大戦が起きたときも、すでに輸出入が活発におこなわれていました。ただ、それが衝突の原因となりました。戦争に突入する前に世界恐慌が起きて大不況に見舞われたわけですが、多くの国は、自分たちの国の製品を守るため輸入品の関税を引き上げました。当時は、国内産業を保護するために輸入を制限したり、輸入品に高い税金をかけたりする「保護貿易」が主流でした。値上がりした輸入品は当然売れなくなります。こうして輸出減少で困ったのが、ドイツ、イタリア、日本でした。

あ、戦争をはじめた国だ！

そうです。この３つの国は輸出が減って経済が衰退していくなか、他国に侵攻することで挽回しようとしました。そこで、戦後は保護貿易ではなく自由な貿易を広げようと、貿易に関する国際的な協定が結ばれました。それが１９４８年にできたＧＡＴＴ《ガット》（関税と貿易に関する一般協定）です。これがのちにＷＴＯ（世界貿易機関）へと発展します。

あれ、でも、いまも輸入品には関税がかけられてるよね？

そうです。ただし、ＷＴＯ協定では加盟国や地域に一定率以上の関税を課さないことを約束しています。さらに、ＥＰＡ（経済連携協定）という円滑な貿易や投資を進めるための協定に加わった国のあいだでも、関税の税率を抑えるしくみがあります。

さらにＷＴＯの大きな役割として紛争解決制度があり、経済的ないざこざを解決して政治の問題となるのを未然に防ぐ役割も果たしてきました。

そうか、そんなところにも戦争への反省があったんだ。すごいじゃん！

ヨーロッパでは、ＥＵ（欧州連合）の存在も戦争を抑止するシステムとして考えることができるでしょう。27カ国が加盟し、政治や経済の統合が進められています。ユーロという共通の通貨を用い、ともに外交や安全保障政策をおこなう協力体制をとっています。ヨーロッパはずっと戦争が絶えない地域でしたが、EUができたことで、少なくとも加盟国間での紛争を防止することができます。

EUの中だったら移動も自由だし、同じ通貨を使っている国が多いから、経済的な衝突のリスクも減るよね。

EUの母体は1952年にフランスの提案で設立された欧州石炭鉄鋼共同体（ECSC）です。石炭は、当時重要なエネルギー資源で、鉄鋼は軍事産業にとってなくてはならないもの。ですから、これらをヨーロッパの国々が共同管理して経済で依存し合えば戦争が防げるのではないか。そう考えたのですね。その後、この組織はEC（欧州共同体）、EUへと発展していきました。

ただし、これらの国際的な枠組みが万全というわけではありません。EUのルールに縛られず、自分たちで貿易や国のことを決めたいという理由からイギリスが離脱しました。EUは軍事同盟としての役割も果たしており、なにかあれば加盟国が協力して武力を行使

する可能性もあります。それがどのような結果を招くかは未知数です。

世界じゅうに経済的な軋轢《あつれき》が生まれたことによって第二次世界大戦が拡大し、その反省から経済面での紛争を回避するしくみができたわけですが、状況に合わせてしくみを見直す必要が出てきているのが現状と言えるでしょう。

これだけ世界がつながっている現代で、とくに日本なんて、いろんな国からモノが入ってこないと、私たちの生活も成り立たないよね。

経済がつながり合うのは歓迎だけど、バランスのとれるルールがしっかりしてないと危ないっていうことだね。

ジャーナリズムが
戦争で果たす役割って？
「戦争に使われる」メディアと
「戦争を止める」メディアとは？

メディアは戦争をあおる？

次は、情報を伝えるマスメディアと戦争抑止について考えてみましょう。

メディアって、どっちかというと戦争に加担してきた側なんじゃないの？

ああ、なんか聞いたことがあるかも……。

太平洋戦争では日本の旗色が悪くなっても、少なくない新聞やラジオが勝っているという報道をしました。

でしょ。戦争を止めるなんて、メディアにそんなことホントにできるかなあ？

メディアと戦争は切っても切り離せない関係があります。メディアが戦争に動員された例もある一方で、本当の戦争の姿を伝えることで世論を動かし、結果的に反戦につながったこともあるんです。

へー、そんなことが……？

はい。ベトナム戦争がそうでした。

「不都合な情報」が戦争を止めた

まず、戦争になれば政府は多くの場合、報道規制や言論統制をおこないます。日本でもアメリカとの戦争がはじまると、大本営から発表される戦況以外は報道することが禁止され、政府に不都合な情報は排除されました。また、国民の戦意をあおるような記事を新聞が書いていたのは、そのほうがよく売れたからという側面もありました。これが戦時の日本のジャーナリズムの姿でした。

一方、ベトナム戦争では、アメリカはメディアをコントロールしていませんでした。じつは、アメリカがベトナム戦争で負けた要因のひとつとされているのが、このメディアコントロールの失敗です。ベトナム戦争では、戦場に多くのジャーナリストが駆けつけ、戦争の真実を伝えました。悲惨さや残酷さはもちろん、軍の不正までが報道されます。すると国内外で非難が高まり、反戦世論が盛り上がり、結果的に米軍の行動をさまたげたと言われています。

そのため、これ以降アメリカ軍はジャーナリストを軍のコントロール下に置き、メディアを利用するようになります。自由な報道をさせず情報を厳しく管理し、戦争遂行に都合の悪いものは発表させませんでした。

さらに、こんなメディア利用もありました。湾岸戦争では、クウェートの少女がアメリカ議会に登壇し、自身が目撃したイラク軍の残虐行為を泣きながら語り、その映像がテレビで流れました。また、イラクが油田の原油を海に流した証拠として、黒い油まみれになった海鳥の映像が発表されました。このふたつの報道で、イラクへの批判が高まりアメリカによるイラク打倒の攻撃が支持されました。ところが、のちに少女はアメリカに駐在するクウェート大使の娘で、つくり話だったことがわかっています。

ヤラセってやつじゃん。

はい。プロパガンダにメディアは最適で、真っ先に利用されます。そして戦争の正義が演出されることになるのです。

良くも悪くも、メディアの影響力ってすごいんだ。

そうです。マスメディアは「第四の権力」とも呼ばれます。日本は行政、立法、司法という三権がありますが、それと同等の力を持っているということです。そしてもうひとつ指摘するなら、メディアにおいては西側の見方が世界の標準という空気があります。メディアの場そのものにバイアスがかかっているとするならば、そこに組み込まれた視点を報道する一人ひとりが客観視するのは、かなり難しい面があると言えそうです。

　こうした状況を打開するひとつの動きが、多様なメディアの登場です。じつは、湾岸戦争でのプロパガンダ報道を受けて、中東カタールに本社を置くアラビア語の衛星テレビ局アルジャジーラが生まれました。２００５年にはテレスールというスペイン語のテレビ局も開局。米欧のグローバルメディアとはちがい、中南米地域の立場から情報発信をおこなっています。

じゃあ、ＳＮＳでいろんな人が自分で発信できるようになったのも、いい流れなんじゃない？

メリットはたしかにあります。ただし、ＳＮＳはフィルターなしで誰もが単独で発信できるため、正しい情報、あいまいな情報、明らかに誤った情報などが無差別にあふれ返るようになりました。しかも匿名性があるので「こんなことを言ったらまずい」「恥ずかしい」という感覚も薄れ、情報の発信に公私の区別がなくなりがちです。

たとえばこの世界には、「史実」とされる一般的な歴史についての事実認識がある一方で、それとは異なる解釈を主張し、過去の歴史に対する評価を変えようとする動きもあります。南京大虐殺はなかったとか、ナチスはユダヤ人を600万人も虐殺していない、といった主張が典型的です。

そういう話を信じる人もいるのかな。

SNSは自分と同じ考えの情報が集まりやすいしくみになっていますから、自分の触れている情報が多数派で正しい、という気持ちになりやすい面があります。さらにSNSの空間では、嘘だろうがデマだろうが反応の多い情報が流通していきます。いまや正確さや信頼性に情報としての価値は薄く、流通力のある情報により価値があるという状況になってきているのです。

そっか、バズったもん勝ちってことだよね。

じつは政治の世界でも、真実をゆがめ、世論を左右しようとする発信が次々となされるようになりました。「ポスト・トゥルース」という言葉があります。価値のある真実が脇へやられ、感情にまかせた都合のいい言説が幅を利かせる状況をいいます。ワシントン・

ポスト紙が2017年から4年間、トランプ前大統領の発言のファクトチェック（事実確認）をした結果、ツイートや選挙集会などで3万回以上の嘘や誤解をあたえる主張があったといいます。客観的な事実によってではなく、真実をゆがめた感情的な意見で人々の敵意をうながすようなことが、政治家によっても起きてしまうのです。

そういえば、フェイクニュースもネット上にはたくさんあるよね。

はい。とくに、AIが自動生成するようなフェイクニュースは、一読して偽物だと見極めることがとても難しくなっています。

もう、なにが本当でなにが嘘なんだか、わからなくなっちゃいそう。

人類は長い歴史を経て戦争そのものを「悪」とみなすようになり、戦争を回避するためのさまざまなしくみをつくってきました。それは、戦争の痛ましい記憶という人類共通の歴史認識にもとづくものです。しかし、いまその土台が揺らいでいます。

ど、どうしたらいいの？

そうですね、そもそも知識という頑丈な「足場」がなければ、自分で考えたり、誰かと議論したりするときの土台に立つことはできないわけです。自分たちがどんな歴史を経て、いまどんな世界に生きているのか、知ろうとしつづける意識が必要なのではないでしょうか。

僕たち、戦争がそもそもどういうことなのかを学んできたけれど、戦争の真実そのものがゆがめられるような時代になってきてるんだね。

人類はせっかく人権を尊重して戦争を罪とする価値観にまでたどり着いたのに、なにが真実でなにが嘘かもわからないようだと、本来戦争のストッパーとなるべきものまでおかしくなっちゃいそう。なにができるか、私も自分の頭で考えなくちゃ……。

第4章まとめ

戦争は防げますか？

・戦争の惨禍を経験した人類は、さまざまな条約や法制度で戦争を抑制する試みをくり返してきた。とくに戦後見いだした普遍的人権という原則は、世界各国の憲法や法律に取り入れられている。

・EUが誕生したことで、戦争の絶えなかったヨーロッパが安定し、経済成長の可能性も高まっている。

・紛争を平和的に解決するためのシステムとして、国連ができた。一方で、起きている戦争に対して有効にブレーキをかけることができない「機能不全」もまた指摘されている。

・日本は憲法9条で戦争放棄を掲げ、以来戦争はしていない。ただ、憲法の解釈を変えあらたな法制度も整えるようになり、「安全保障のジレンマ」が指摘されている。

・国際レベル、民間レベルでさまざまな平和のための取り組みがある一方で、軍拡の動きや歴史をゆがめるデマも蔓延《まんえん》している状況となっている。

第5章

日本が戦争に突入する可能性

［日本をめぐる世界のパワーバランス］

私、ものすごーく知りたいことがあるんだけど……。

じつは僕も……。

いま、世界ではどんな戦争の危険があるのか！

一緒じゃん！　これまでニュースを見ても、正直わかんないことが多すぎて。

最初にウサもんから、いまなにが起きているのかちょっとは聞いたけど……。どうせよくわかんないしって思って、正直少しあきらめちゃってた。

私たちが生きてるのがどんな世界なのか、もっと見てみたいよ。

うん。日本にどんな危険が迫ってるのか、怖いけど現実を知りたいし。

あと、いま起きている戦争も、なんでそうなったのか知りたい。

僕らがいまさら知ったところで、なにも変わらないかもしれないけど……。

いいえ、おふたりが知ることで世界を変える道がひらけるかもしれません。

ウサもんっ!!

では、第1章でズバッと説明したことをここでもう少しくわしく見ていきましょう。

台湾《たいわん》有事《ゆうじ》って、なにが起きそうなの？

●日本に迫っている危機として、大きい事案のひとつに、台湾有事があります。

あー、それ！　聞いたことはあるんだけど、さっそく僕がわかってないやつだ。

なにかヤバいことが起きそうなの？　台湾って治安がいいイメージだけど。

●台湾は近い将来、武力で侵攻される可能性が懸念されています。

ええ⁉

台湾を自分のものにしたい中国と台湾を守るアメリカ

●まずはじめに、台湾は国か国じゃないか、どちらだと思いますか？

え、国でしょ？　だってオリンピックに台湾チームが出てなかった？

世界に200近くの国があるなかで、台湾を国と認めているのは中南米諸国などの12カ国だけです。国連の加盟国でもなく、日本も台湾を国とは認めていません。ちなみに台湾は国際的な場では、「チャイニーズ・タイペイ」と呼ばれることが多いです。

チャイニーズってことは、中国？

はい。台湾は自分たちが独立国だと認識しているのですが、中国はそうではありません。自国の一部だと考えているのです。

なんでそんなことに？

台湾がこのようになった背景には、日本も関係しています。日本は日清戦争に勝ち、清の支配下にあった台湾を植民地にしました。そこから第二次世界大戦が終わるまで台湾を統治しますが、敗戦によって撤退すると中国がふたたび台湾を統治するようになります。

台湾が中国に戻ったとき、中国は中華民国といい、国民党が政権を担っていました。ところが、台湾にもともといた住民と国民党政府の関係がうまくいかず、住民の多くが虐殺されたんです。

えっ、ひどい！

中国大陸では、国民党政府と共産党が内戦状態にありました。その戦いに負けた国民党やその家族など約200万人が台湾に逃れました。大陸では、共産党の毛沢東《もうたくとう》をトップとする中華人民共和国が1949年に成立。国民党の蔣介石《しょうかいせき》は中華民国の南京政府を捨てて台湾に移り、台北《タイペイ》を臨時首都としました。ここから中国と台湾の対立の構図がはじまります。

じゃあ、中国の共産党と台湾の国民党の対立なんだ。

そして1950年に朝鮮戦争がはじまると、アメリカが台湾の援助をはじめました。

えっ、なんでアメリカが台湾に近づくの？

当時はソ連との冷戦期であり、もし台湾が中国に支配されれば、アメリカと敵対する共産主義の国になってしまいます。それを防ぐためでした。

でもさ、国民党って台湾にもともと住んでいた人たちを虐殺しちゃったんでしょ？　台湾の社会は大丈夫だったの？

もちろん多くの住民は彼らに不信感を持ちつづけていました。ただ、国民党は農地改革や自由貿易を進めることで、台湾に大きな経済力を蓄えていきました。1975年に国民党のトップだった蔣介石が亡くなってからは民主化も進みます。1996年には初めて住民が自分たちの代表を選ぶ直接選挙がおこなわれました。しかし中国政府はこれに強く反発します。

中国からしたら、「勝手なことするな」ってことか。

その後も、中国と台湾は対立関係が続いたまま今日《こんにち》にいたります。中国軍がミサイルを台湾周辺の海域に撃ち込んだり、台湾の周辺で軍事演習をするなど緊張が高まっています。

じゃあ、台湾有事っていうのは、中国が本格的に台湾に攻め込むかどうかってことなんだ。でも、その台湾有事がどうして日本に影響するの？

理由はやはりアメリカです。アメリカと台湾は同盟を結んでいるようなものですが、アメリカは、中国が台湾を軍事攻撃した場合にどうするか明確にはしてきませんでした。「あいまい戦略」といって、あえてあいまいにしておくことで、中国の行動を抑止しようとしてきたのです。ただ、バイデン大統領は、もしもの場合にはアメリカが軍事的に対応することを明言しました。

でも、もう冷戦も終わってるでしょ。なんでいまも台湾を支援するの？

中国が台湾を奪えば、地理的に太平洋に出やすくなります。アメリカは中国の海洋進出を警戒しているんです。簡単に太平洋に出てこられると困るから、台湾を守っておきたい、というわけです。また、台湾はスマホやパソコンに使われる最先端の半導体のシェアが世界1位です。

そうか、だから台湾とつながっていたいんだ。経済的な理由も大きいんだね。

そして問題の日本なのですが、アメリカとは同盟関係にありますよね。アメリカ軍が軍事的な対応をとる際には、台湾に近い日本の米軍基地を使うことになります。そうなれば、日本の基地も中国の攻撃対象になると考えられています。中国による台湾攻撃がはじまれば、台湾に近い与那国島《よなぐにじま》や宮古島《みやこじま》、石垣島《いしがきじま》などにも影響が及ぶかもしれません。

えっ、ヤバい！　日本が戦場になっちゃうの……？

日本政府としては日米同盟を強化しつつ、中国に対抗できる十分な軍事力を日米がつければ中国は侵攻をあきらめると考え、防衛費を増やし台湾有事への対策を進めている状況です。また沖縄本島だけでなく、宮古島や石垣島、与那国島にも自衛隊の駐屯地《ちゅうとんち》をあらたに設置し、ミサイル部隊の配備もはじめています。これらの地域の住民と観光客合わせて12万人の避難計画も立てるなど、準備をしています。

避難計画って、もうそんな段階なの？

ただし、台湾有事が起きるか起きないかは、さまざまな議論があります。中国は台湾侵攻に向けての軍備体制を2027年までに整えようとしているのではないか、とアメリカの一部は見ているようですが、その一方で、台湾有事が起きる可能性が低いという見方もあります。軍事的な圧力をかけていても、民間レベルでは中国と台湾の交流は拡大しているからです。ただ、いずれにせよ日本としては有事を見据え、いろいろな施策を進めています。

中国とアメリカは、どうして対立しているの？

台湾有事の話のなかで、アメリカは中国を警戒しているってことだったけど、もう少し具体的にアメリカと中国って、そもそもどんな関係なの？

「米中新冷戦」という言葉をご存じですか？

「冷戦」なんて言葉が出てくるなんて、どういうこと？

きっかけは貿易摩擦です。

貿易？　中国とアメリカのあいだの貿易のこと？

そうです。中国が経済的に力をつけ、世界のパワーバランスが変わってきたんです。

経済力でも軍事力でも
アメリカに迫りつつある中国

あの……さっそくよくわからないんだけど、そもそも中国って社会主義の国じゃなかった？　社会主義ってことは国が経済を管理して、自由に稼いだりできないんだよね。そういう国で経済成長ってどういうこと？

中国はいま、政治は共産党の一党独裁システムで社会主義のままですが、経済は社会主義市場経済を掲げています。

社会主義市場経済って……？

経済について国がコントロールもするけれど、市場も開放するということです。中国の経済のシステムは1990年代には資本主義と同じような形となり、2001年には世界貿易機関（WTO）にも加盟しています。「世界の工場」とも呼ばれるほど、中国ではさまざまな製品が製造され、安い価格で世界に輸出することで自国の経済を成長させてきました。中国は、現在ではアメリカに次ぐ世界2位の経済国となっています。

それで、なんでアメリカと揉《も》めてるの？

２００９年から２０２２年まで、アメリカにとって中国は最大の輸入相手国でしたが、トランプ前大統領はアメリカの中国に対する貿易赤字や、安い中国製品によってアメリカ製の製品が売れなくなることを問題視していました。そして２０１８年以降、中国からの輸入品にかかる関税を引き上げます。これに中国が対抗し、中国もアメリカからの輸入品に関税をかけます。これが「米中貿易摩擦」と呼ばれ、米中対立のきっかけとなりました。

ただし、それでも両国はおたがいにいちばんの貿易相手の時代が続き、２０２２年には中国とアメリカの貿易総額は過去最高となりました。

経済でゴタゴタしてるけど、結局なくてはならない相手ってことなのかな。戦争になるってほど心配することじゃないんだね。よかった……。

ただ、中国は経済だけでなく軍事面でも急速に力をつけています。それにより世界の軍事バランスも変化しました。いま、中国海軍の持つ艦船数はアメリカを抜いて世界一です。習近平《しゅうきんぺい》国家主席は、２０３５年までに中国軍を近代化させる計画を立てており、そうなったとき、南シナ海や台湾で軍事衝突が起こるのではないかという見方もあります。
こうした経済と軍事力の伸びに対抗するため、世界の国々にあらたな連携関係が生まれています。そのひとつがクアッド（QUAD）です。日本、アメリカ、オーストラリア、インドの4カ国が戦略的対話をおこない、幅広い分野で連携していくことになっています。

なんか不思議な国の組み合わせじゃない？

この4カ国は、インド洋と太平洋を囲むように位置しています。経済面でも軍事面でも台頭してきた中国に対抗するために連携しようと、2021年3月に初めてテレビ会議をおこない、以来、定期的に会合が開かれています。軍事同盟ではないのですが、4カ国合同の軍事演習などもおこなっています。

さらに、同年9月にはイギリス、オーストラリア、アメリカの3カ国で最新の軍事技術を共有するオーカス（AUKUS）という安全保障の枠組みもつくりました。これも中国に対抗するためのものと考えられています。

なんか、中国に対抗するいろんな国が手を組みはじめて、中国が孤立していくような……。中国はこの流れをどう見ているんだろう？

クアッドで外相会合を開いたときには、中国側から「中国の封じ込めだ」と反発がありました。オーカスに関しても「軍備競争を過熱させる」と批判しています。

ただし、先ほども説明したようにアメリカと中国は経済的に深く結びついています。中国はそれほど巨大な国に成長しているわけですから、本格的な武力行使をすれば、おたがいにボロボロになってしまいます。したがって直接衝突することにはならないのではないか、という見方もあります。このような状況を「米中新冷戦」と言い表しているのです。

日本の尖閣諸島《せんかくしょとう》周辺の海域に、どうして中国船が来ているの？

アメリカと中国の話はわかったけど、日本と中国の関係はどうなってるの？

日本と中国のあいだには、尖閣諸島の問題が横たわっています。

たしか中国船が来て日本がそれを追い返して、みたいなことをしてるんだよね。

はい。尖閣諸島は沖縄県石垣市の一部ですが、この島を中国と台湾が自分たちの領土だと主張しています。これが尖閣諸島の問題です。

なるほど。で、いったい尖閣諸島ってどんな島なの？

いちばん大きいのが周囲約10キロの魚釣島《うおつりしま》で、ほかに南小島《みなみこじま》、久場島《くばしま》、大正島《たいしょうとう》、沖《おき》ノ《の》北《きた》岩《いわ》、沖《おき》ノ《の》南《みなみ》岩《いわ》などがまとめて尖閣諸島です。いずれも無人島ですが、周辺は豊かな漁場となっていて、漁がおこなわれています。

うーん、なんでここがそんなに揉める原因になるんだろう？

魚がほしい……ってわけじゃないよね？

軍事上の理由が大きいとみられています。

どういうこと⁉

棚上げしていた問題に火がついた

まず、尖閣諸島の歴史からご説明しましょう。もともとはどの国にも属していない無人島でしたが、1895年に日本が沖縄県に編入しました。福岡県の商人が開拓し、魚釣島に200人くらいの人が住んでいた時代もありますが、大正時代には人が離れ、無人島となっていました。その後、個人の所有となります。

第二次世界大戦後、サンフランシスコ平和条約にもとづいて尖閣諸島はアメリカに占領され、久場島はアメリカ軍の射撃演習場として使われるようになりました。また、沖縄が日本に返還された後も久場島などはアメリカ軍の演習場となっています。

なんで中国や台湾は、自分のものだって言いはじめたんだろう？

きっかけは、1968年に国連が協力した東シナ海の海底調査です。尖閣諸島周辺の海域には1095億バレルの原油埋蔵量があるのではないかと指摘されました。

1095億バレルって……多いの？

はい。もし実際にそれだけの原油が採れれば「世界的な産油地域となる」と言われていました。その後、1971年に中国と台湾が、尖閣諸島は自分たちの領土だと公式に主張しています。その当時、日本と中国はまだ国交が回復していませんでしたが、1972年に日中共同声明が出され、正式に国交回復となります。このときに尖閣諸島についてどう話し合われたかというと、「将来の課題」ということで、棚上げされることになったのです。そのままの状態がしばらく続きましたが、2008年、初めて中国政府の船が日本の領海に侵入します。

えっと、領海っていうのは？

海岸から12海里《カイリ》以内の範囲のことで、国の領土と同じ意味を持つ海の領域です。日本政府はこのときから中国が力ずくで尖閣諸島を手に入れようとしはじめたと見ています。

2010年には、領海内で漁をしていた中国漁船に対して海上保安庁の巡視船が退去を求めたところ、漁船が体当たりをしてくるという事件が起きました。海上保安庁は船長を逮捕して石垣島に連行。これをきっかけに日本と中国の関係が悪くなります。

それだけ原油がほしいってこと?

いえ、原油埋蔵量については1994年に経済産業省がおこなった試算で、実際には30分の1程度しかないということがわかっています。

じゃあ、なんで尖閣諸島にこだわるんだろう?

軍事上の理由だと考えられています。尖閣諸島を自分たちのものにすれば、台湾や南西諸島も攻めやすくなります。また、尖閣諸島の周囲は水深が深いので、潜水艦を使って太平洋まで一気に進むこともできます。

そうなんだ!

その後、2012年9月には、日本政府が尖閣諸島のうち魚釣島、北小島、南小島の3島を地権者から購入し国有化します。これに対して、中国では大規模な反日デモが起きました。それ以来、中国政府の船は毎日のように尖閣諸島の周辺に現れるようになり、領海内にも頻繁《ひんぱん》に入ってきています。

ちなみに台湾はどんな反応なの？

台湾は中国よりも、尖閣問題においては当事者だという意識があるようです。中国よりも台湾のほうが尖閣諸島に近く、伝統的に尖閣の海域で漁をおこなってきました。最初に尖閣問題について抗議したのも台湾でした。ただ、台湾は漁業問題の解決を求めていて、漁業ができればいいという認識のようです。

じゃあ、やっぱり問題は中国との関係だね。

2024年も中国による領海への侵入は続いている状態です。いつか偶発的な衝突が起きないとも言い切れません。

尖閣諸島問題はいったん棚上げされてたんだよね。そのままそっとしておければよかったけど、そうはいかなかったんだ。中国も海洋進出の野望があるわけで……。

ピリピリした状態が続きそうだね。うまく話し合いで解決してほしいけど。

北朝鮮の核開発や日本海へのミサイル発射は、戦争をやるつもりだからなの？

日本と中国だけじゃなくって、ほら、北朝鮮もミサイルとか心配じゃない？

日本と距離も近いしね。北朝鮮からのミサイルって、いつも海に落ちてるみたいだけど、もし僕らの住んでる場所に落ちたらって思うと……。

いやいや、怖すぎる！

なんであんなにミサイルを撃ってるんだろう。核実験もしてるみたいだし。

そんなお金、どこにあるのかも疑問なんだけど。

うーん、北朝鮮って全体的に謎……。

ではまず、北朝鮮という国についてご説明しましょう。かつては日本が植民地支配していた場所だということはご存じですよね？

えっと、なんとなくは……。

アメリカとの外交を望む北朝鮮

日本が外国と初めて本格的な戦争をしたのは、1894年の日清戦争でした。朝鮮の支配権をめぐって、朝鮮半島で両軍が衝突したわけですが、勝利した日本は朝鮮の独立を清に認めさせ、1910年から35年間にわたって日本が朝鮮半島を統治してきました。

そのあと、北朝鮮と韓国に分かれたのはどうしてだっけ？

太平洋戦争で日本が負けると、こんどはソ連軍が朝鮮半島の北部に入ってきました。アメリカ軍はソ連が朝鮮半島全体を支配することを防ぐため、朝鮮半島に軍を上陸させました。結果、朝鮮半島は北緯38度（いわゆる38度線）を境に、北と南に分割されます。北側ではソ連軍の大隊長だった金《キム》日《イル》成《ソン》が指導者となり、1948年に朝鮮民主主義人民共和国が発足しました。これが現在の北朝鮮です。

ん？　北朝鮮のトップがソ連軍の大隊長だったってどういうこと？

金日成は日本が朝鮮半島を統治していた時代、旧満州で抗日パルチザン（朝鮮独立運動）の指揮をとっていた人物です。ソ連領内の基地で訓練を受け、ソ連軍の指揮官になっていたのです。

えー！　じゃあ北朝鮮とソ連ってめちゃくちゃつながりがあるんだ。

そうです。そして1950年に北朝鮮は朝鮮半島の軍事統一を狙い、38度線を越えて韓国軍を攻撃します。アメリカ軍を中心とする国連軍は韓国軍とともに戦い、北朝鮮軍には中国の義勇軍が加わり、壮絶な戦いとなりました。約1年後にソ連の仲介で休戦会談がはじまりますが、話し合いは難航します。2年ほど経ってようやく休戦協定の調印式がおこなわれました。

休戦？　あれ？　北朝鮮と韓国ってもしかしていまも休戦中なの？

はい。正式に終戦となったわけではありません。そして1991年に休戦状態のまま、北朝鮮と韓国はそれぞれ同時に国連に加盟しています。

あ、北朝鮮も国連に入ってるんだ。っていうか、国連に入ってるのに、あんなに好き勝手にミサイル撃ってるの？

国連も、核実験やミサイルの発射をくり返す北朝鮮を野放しにしているわけではなく、安全保障理事会は北朝鮮に弾道ミサイルの発射や核開発の停止などを求めています。また２００６年から、制裁決議を採択し、これまでも灯油やガソリンの北朝鮮への輸出制限や、北朝鮮からの石炭や鉄などの輸入禁止といった制裁を科し、日本もこれに加わっています。

そもそも北朝鮮って、いつから核兵器を持つようになったんだろう？

核開発に着手したのは１９５０年代からだとみられています。２００５年に核の保有宣言をし、翌年には初の核実験もおこなっています。また、ミサイルじたいは１９８０年代から開発をしてきたとみられ、少しずつ飛行距離が長くなっていき、１９９３年には中距離弾道ミサイルを日本海に撃ち、１９９８年には日本上空を通過して太平洋の三陸沖に落ちました。

三陸沖だったの？　日本の漁場だよ、危ないじゃん。

北朝鮮は人工衛星の打ち上げと主張しました。その後も日本周辺へのミサイル発射は続き、2022年に発射された回数は過去最多でした。北朝鮮の持つミサイルは、最長で1万キロ以上の先まで届く能力があるとされ、アメリカの首都ワシントンD.C.まで射程に入ることになります。さらには、位置が察知されにくい潜水艦や、列車を発射台に使うミサイルも持っています。ちなみに、ミサイルは核弾頭を積むためのものです。

そんなに武装化が進んでるんだ！

ただ核兵器を長距離ミサイルに積んだ場合、いったん大気圏外に出た後ミサイルがふたたび大気圏に入るとき核弾頭は燃え尽きる、と考える専門家もいます。

それにしても、制裁を受けているのに、どこにそんなお金があるの？

サイバー犯罪によって暗号資産を盗んでいる疑いがあるとも指摘されています。

そうなんだ。でも、そもそも、なんで北朝鮮は軍事力を高めたいの？

3代目の最高指導者である金正恩《キムジョンウン》総書記になってから、ミサイル発射と核実験が増えました。これは、2021年に発表した「国防5カ年計画」にある核兵器の小型化、軽量化や超大型核弾頭の生産などの具体的な項目を一つひとつ達成しようとしている状況だとみられています。

そしてもうひとつ、アメリカとの交渉がとどこおっているのもその要因とされます。2018年のトランプ政権では米朝首脳会談が実現し、トップどうしの対話が実現しました。この会談で、アメリカは北朝鮮の体制を保証し、北朝鮮は非核化に取り組むことになりました。しかしバイデン政権となって、外交はなかなか進んでいません。

非核化だなんて、いい流れだったのに！

アメリカとの会談は北朝鮮にとって重要なものでしょう。それによって、自国の経済制裁が緩和されるかもしれないからです。ただ、ウクライナへのロシアによる侵攻なども起き、アメリカは北朝鮮どころではなくなってしまいました。北朝鮮は日本海に向けてミサイルをあえて発射することで緊張感を高め、アメリカに交渉のテーブルに着くようながしているのだ、とする見方もあります。

この先、北朝鮮がどう出てくるのか心配だよね……。

北朝鮮は国を守るために核兵器が欠かせないと言っています。いま朝鮮戦争は休戦中ですが、南北が和解しても北朝鮮の国家体制は保証されることがはっきりすれば、核兵器を持つ必要はなくなるという見方もあります。

日本は北朝鮮とのあいだに拉致《らち》問題も抱えています。現在は国交がない状態ですが、交渉を進めて、これらの問題に粘り強く対処することが求められています。

日米同盟があるから、「もしも」のときはアメリカが日本を守ってくれる？

台湾有事に尖閣諸島に北朝鮮……。いま日本にはいろんなリスクがあるんだ。

ええと、アメリカはちゃんと日本を守ってくれるんだよね？

万が一のときは、日本にいるアメリカ軍が動くしくみになってるはずだよね。

ホント？　いまいちわかんない……。日米同盟がどうなってるかも教えて！

アメリカとの同盟関係は、１９６０年に改正された日米安全保障条約にもとづいています。

60年以上前じゃん。そのときから世界の状況ってだいぶ変わってるよね。

そうですね。世界情勢の変化によって日本に求められる軍事的な役割も変わってきました。守ってもらうばかりでなく、いま日本側にもさまざまな協力が求められています。

変わってきた同盟関係

そもそも安保条約ってどんな内容なんだっけ？

第二次世界大戦後、アメリカに占領されていた日本は1952年に独立を回復しましたが、同時に発効したのが最初の日米安保条約です。日本がアメリカ軍に基地を提供することや、日本で内乱が起きれば駐留アメリカ軍が介入することが規定されました。ただ、日本になにかあったときにアメリカが守るとは、はっきり示されていませんでした。

基地は差し出すけど、守ってもらえるかは微妙っていう条約だったんだ。

それで戦後、経済的に急成長した日本は、アメリカと対等な内容の条約にしたいという考えもあり、1960年に条約を改正することになります。そこでアメリカに日本を防衛する義務が課されました。

改正後の第5条では、日本の施政下で日本とアメリカのどちらかが武力攻撃を受けた場合、自国の憲法の規定と手続きに沿って一緒に対処すると書かれています。

あれ？　このときの改正って、日本でめちゃくちゃ反対運動があったんじゃない？

はい、安保闘争と呼ばれるものですね。安保条約の改正によってアメリカの軍事戦略に日本が巻き込まれ、ふたたび戦争になるのではないかと反発が起きたのです。条約改正は、自民党が強行採決したのですが、そのやり方に反発が強まり、国会を33万人が包囲するデモに発展しました。結局、参議院の議決を得ないまま条約は成立しています。

そんないきさつがあったんだ。

改正された安保条約は日本の米軍基地に関して、日本だけでなく「極東地域の平和と安全を維持するため」に使うことも認めています。

極東地域って具体的にどこ？

じつは、はっきり決まったエリアがあるわけではありません。ベトナム戦争だけでなく湾岸戦争やイラク戦争でも、アメリカ軍は沖縄の基地から攻撃に向かいました。

さらに世界の情勢の変化に応じて、日本の関わり方も変わっていきます。湾岸戦争ではアメリカから多国籍軍に自衛隊も参加するよう求められました。これは日米安保条約の取り決めを超えていることや憲法上の制約があることから、自衛隊が軍に加わることはありませんでしたが、資金と物資の援助をおこないました。また、2001年のアフガニスタンへの攻撃では、給油活動に海上自衛隊が派遣され、2003年のイラク戦争では、陸上自衛隊が給水や医療支援、学校や道路の補修などの人道支援に当たりました。また航空自衛隊は、多国籍軍の人員や物資をイラク国内の飛行場へ輸送する任務を担いました。

アメリカが関わる戦争に自衛隊も出動するのか。守ってもらうばかりじゃなくて、日本もアメリカのためにいろいろ動いてきたんだ。

自衛隊はあくまで非戦闘地域での活動に限られていましたが、実際にはロケット弾などが着弾するなかでの活動だったことが明らかになっています。

そっか、そんなところで自衛隊が活動してるんだ……。

さらに2014年に憲法の解釈を変更したことで、アメリカが武力攻撃を受け、かつ日本が脅《おびや》かされた場合、海外で自衛隊が武力行使をしてもいいことになりました。また、費用の面でも日本はアメリカ軍に協力している状況です。

ん？　お金？

はい。基地の光熱費、隊舎の建設や整備、米軍が国内で実施する訓練を別の地域に移転する際にかかるお金です。2022年度から2026年度までの5年間で、総額1兆550億円を負担することになっています。

そういうお金も日本が負担してるんだ。

これは1978年に決まりました。日本はアメリカに守ってもらっているのに、軍事費にお金を回さず経済成長に注力したとアメリカから批判されたのがきっかけです。この経費負担は「思いやり予算」と呼ばれます。日本は経済力があるから、軍事力の代わりに経費を負担しましょうという意味もあったとされています。

昔とちがって、もう日本にお金の余裕なんてないんじゃない？

2021年から、思いやり予算は「同盟強靱《きょうじん》化予算」という呼び方に改められ、費用負担はさらに増えています。

さて、日米同盟の今後を考えるうえで注意しなければならないのが、アメリカの大統領選挙です。2024年11月におこなわれますが、トランプ前大統領の再選の可能性が高いとも言われています。「米国第一主義」を掲げるトランプ氏が再選された場合、日米同盟はどうなっていくのか予測が難しいところです。

どういうこと？

トランプ氏は過去に、韓国に駐留している米軍の撤退について言及したこともあり、日米同盟が軽視され、破棄にいたる可能性もささやかれています。逆に、日米同盟が維持される場合には、防衛費のさらなる増額や日本の経費負担の増額を迫られる可能性が高いとみられています。

ロシアは、ウクライナにどうして侵攻したの？

いま起きている戦争についても知りたいんだけど。ロシアとウクライナの。

とにかくさ、いきなりロシアが攻撃したように見えたよね……。

そうそう。プーチン大統領がヤバくて、無理やりウクライナを自分たちのものにしようとしてるのかなって。

ただ、ウクライナ国内にはロシア寄りの人たちもいて、いまにはじまったことではなく、長いあいだウクライナは紛争状態にありました。

えっ、そうなの？　そもそも、ウクライナってどんな国なのかな。

ウクライナはソ連の一部だった時代が長く、昔から「親《しん》ロシア派」と呼ばれる人たちがいました。ではまず、そのあたりの説明からしていきましょう。

ウクライナ国内で起きた政府側と親ロシア派の内部対立

ロシアとウクライナは隣どうしの国ですが、文化的にも近い国です。ウクライナは、ソ連が崩壊したことによって1991年に独立します。地理的には東側にロシア、西側にヨーロッパ諸国が広がり、国内もウクライナ東部にロシア系住民からなる親ロシア派が多く住んでいました。

親ロシア派ってことは、ヨーロッパよりロシアのほうが好きってこと？

そうです。ウクライナはEUには加盟していなかったのですが、国内には独立以来、EUへの加盟を希望する親EU派と呼ばれる人たちがいました。これに対して、EUに加盟せずロシアと付き合っていきたいと考える人たちが親ロシア派です。ウクライナ国内は独立してからというもの、ロシアにつくのかEUにつくのかをめぐって対立してきました。

でも、EUに入ったほうが、経済の面から見ても得なんじゃないの？

ソ連から独立した一部の国は、そのように考えてEUに加盟しました。ソ連は冷戦で西側と対立したことによる不信感から周辺国のそうした動きを警戒しています。そして、さらにロシアが懸念したのが、ウクライナのNATO《ナトー》加盟への動きです。

NATOって？

1949年にソ連に対抗するために生まれた軍事同盟（北大西洋条約機構）です。イギリス、フランス、アメリカなど12カ国ではじまりました。この当時、ソ連をはじめとする東側はワルシャワ条約機構という軍事同盟を結成しており、冷戦期は「NATO対ワルシャワ条約機構」という構図になっていました。1991年にワルシャワ条約機構は解散しましたが、NATOは現在も存続し、ドイツや東欧諸国、トルコなどを含めた32カ国が加盟しています。

NATOは加盟国が攻撃された場合は全加盟国で防衛するという「集団防衛」を定めています。ポーランドやバルト諸国など、過去にソ連の侵攻や支配を受けた国々は、ロシアから身を守るためにNATOに加盟していました。世界地図で見るとウクライナを挟んでロシアとNATO加盟国、そしてEU加盟国が対峙しているかっこうです。だからロシアは、EUやNATOにウクライナが入ろうとする動きを非常に警戒していたのです。

でも、武力で攻撃するほど揉めてたわけじゃなかったんでしょ？

いえ、ロシア軍の介入は2014年にすでに起きています。

え？　そんなに前から？

この年、ウクライナ南部にあるクリミアをロシアが併合しました。もともとクリミア半島はロシア領だったんですが、ソ連時代に、後に首相となるフルシチョフがそれをウクライナ領にしたのです。だからロシア系住民のなかには、ウクライナから独立し、ロシアに近づきたいという人たちもいました。またこのクリミア併合と同時に、ウクライナ東部のふたつの州でもロシアが指揮する親ロシア派によって独立が宣言され、ウクライナ政府軍と戦争状態になりました。

　ウクライナ国内で起きていた親ロシア派とウクライナ政府軍との戦いが完全に停戦したのは2020年7月のことです。ウクライナでは国内避難民が続出しました。

そうか、ロシアとウクライナはずっと揉めてたんだ。

そして、2022年2月24日、プーチン大統領の侵攻宣言があり、ウクライナの複数都市への攻撃がはじまりました。

これからどうなっていくんだろう……。ウクライナは疲弊しているように見えるけど。

ウクライナはNATOの加盟国でないため、ほかの国が一緒に戦うことはできません。ただ、EU諸国はウクライナに対する軍事支援として武器を送りつづけ、ロシアに対しては経済制裁をおこなっています。

この戦争でロシアを応援してる国もあるの？

ロシアにもっとも接近しているのは北朝鮮と中国でしょう。北朝鮮の弾道ミサイルが、ロシアによるウクライナ攻撃に使われていることが指摘されています。ロシアも返礼に物資を北朝鮮へ送っているようです。2023年9月には、ロシアでプーチン大統領と金正恩総書記が首脳会談もおこなっています。中国もロシアと軍事的な連携を深めており、同年7月には、日本海でロシア海軍との合同軍事演習を実施しています。

うーん、ロシアと中国と北朝鮮か……。

この3カ国はアメリカと対立している点で共通しています。また、イランとロシアが接近している動きもあります。ウクライナ軍の発表では、ロシアが使っている無人機はイラン製だとのことです。プーチン大統領とイランの大統領は同年12月にモスクワで首脳会談を持ち、欧米は両国の軍事協力を警戒している状況です。

ちなみに、日本はどんなふうに関わってるの？

武器は供与していませんが、防弾チョッキや防護服など殺傷能力のない装備品をウクライナへ支援提供しています。あとはお金ですね。日本政府からの資金は、爆発物除去や電力供給装置などに使われています。

ロシアは制裁に加わる日本に反発しています。日本とロシアは、北方領土問題を解決して平和条約を結ぶための交渉を続けてきましたが、ロシアは一方的にその中断を表明しました。ロシアの駐日大使は、両国関係は「戦後最低レベル」にあると発言しています。

パレスチナとイスラエルが対立しているのはどうして？

もうひとつ知りたいのは、パレスチナとイスラエルのこと！　こうしてるいまも、子どもたちが犠牲になってるのがホントにつらくて……。誰にでも、生まれたときから自由に生きる権利があるっていう世界人権宣言がむなしいよ……。

これって宗教の対立なんだっけ？

そうなんじゃない？　ずいぶん昔からうまくいってない感じだよね。

そもそも、これって誰と誰が戦ってるのか、そのあたりからもうわかんないし。

イスラエルはユダヤ人が大半だからユダヤ教だよね。パレスチナはどうなのかな？

パレスチナの人々はイスラム教徒が9割以上と言われています。

やっぱり宗教のちがいが大きいってこと？

たしかにそれも大きな原因ですが、イスラエルが建国する前は、ユダヤ人とパレスチナ人が共存していた時代もありました。重要なのは、これが土地をめぐる争いになっていることです。パレスチナ自治区のひとつガザ地区（東京23区の約60パーセントの大きさ）には200万人以上のパレスチナ人が住んでいますが、一帯をイスラエルによって封鎖され、厳しい監視を受けています。そして、この地を実効支配するハマスというイスラム組織が2023年10月、イスラエルに攻撃をしかけ、現在にいたっているのです。

こうした紛争は宗教上の対立ばかりではなく、長年にわたってユダヤ人やアラブ人が自分たちの土地を確保しようとしてきた争いでもあり、さらに世界の大国が介入して問題をふくらませてきた結果とも言えます。

イスラエルを支持するアメリカ。戦闘を止めるにはどうすればいいのか

まず、パレスチナの歴史をざっと説明しましょう。パレスチナは地中海の東側にある地域で、その中にあるエルサレムという場所は、イスラム教・キリスト教・ユダヤ教の

聖地となっています。2000年以上前、ここにはユダヤ人も住んでいましたが、ローマ帝国に敗れたことでユダヤ人はヨーロッパ各地へ逃れ、パレスチナ地域には主にアラブ人が住みつづけるようになります。

ただ、ヨーロッパ各地で暮らすユダヤ人は自分たちの国を持ちたいという願望を捨てませんでした。また、第二次世界大戦ではホロコースト（ナチス・ドイツによるユダヤ人虐殺）の悲劇もあったことから、世界じゅうにユダヤ人への同情が強まります。そして1947年、国連がパレスチナを分割して、パレスチナの土地の56パーセントの地域をユダヤ人が暮らすユダヤ国家、43パーセントの地域をアラブ人が暮らすアラブ国家、そしてエルサレムは国際管理地域として3つに分ける提案をします。

えっと、それってパレスチナに暮らしていたアラブ人にとっては、自分たちの土地が半分以下になっちゃったってことだよね。

そうですね。翌年、分割案にもとづいてユダヤ人がイスラエルを建国しますが、それまでアラブ人が住んでいた土地ですから、イスラエル建国に反発するアラブ諸国と4回も戦争になりました。そして、パレスチナに住んでいたアラブ人の多くは難民となりました。

結局どうやって決着がついたの？

ノルウェーが仲介した1993年のオスロ合意を経て、1994年にガザ地区とヨルダン川西岸の2カ所が、アラブ人の暮らすパレスチナ自治区となりました。

じゃあ、いったんこの問題は解決したってこと？

ただし、そこから先の和平交渉がなかなか進みませんでした。1996年にイスラエルの首相になったネタニヤフは和平に消極的でした。一方でパレスチナ自治政府のガザ地区が2007年からイスラム組織ハマスに支配されました。ハマスはイスラエルの存在を認めず、テロ攻撃をくり返してきました。その報復として、イスラエルもガザ地区を攻撃します。

それがずっと続いているってこと？

はい。ガザ紛争と呼ばれる戦闘がくり返されてきたのですが、これまでは比較的短期間で戦闘はやんでいました。ところが2023年10月7日、ハマスがイスラエルに大規模な攻撃をしかけ、イスラエル人の殺害や拉致をおこなったことで、イスラエル側が戦争を宣言し、2024年7月現在も戦闘が続いている状態です。

それだけハマスの攻撃規模が大きかったってことなのかな。でも報復といってもさ、ガザ地区の街をめちゃくちゃに破壊してパレスチナの市民まで殺して、もう十分なんじゃないの？

イスラエルの目的はハマスを壊滅させることなので、それが実現するまでは戦闘をやめない可能性があります。また、もうひとつ裏の理由もあるのではと言われています。ネタニヤフ政権の支持率が低いので、戦争が長引けば首相の座を維持することができるとの思惑があるのでは、とも考えられています。

国連が止めには入れないの？

停戦を求める決議は安全保障理事会で何度も試みられましたが、常任理事国であるアメリカが拒否権を行使してきました。

えっ？　アメリカが？

アメリカがイスラエルを支援していることが、この問題を難しくしています。1948年からはじまった中東戦争で西側諸国がイスラエル側につく構図ができ、やがてそこにアメリカも加わるようになったのです。

なんでそうなったの？

第二次世界大戦後の冷戦時代、ソ連がアラブの湾岸諸国を支援していたので、アラブの湾岸諸国と対立しているイスラエルについたのです。また、アメリカに住むユダヤ人が豊富な資金力をバックに、政治的に強い発言力を持ったことも理由のひとつです。アメリカのバイデン大統領はイスラエルに武器を提供しつづけ、イスラエルの「自衛権」に支持を表明しています。

でも、イスラエルの攻撃はちょっとやりすぎな気がするんだけど。自衛って理由は苦しくない？

たしかに、ガザ地区では集団虐殺《ジェノサイド》が起きていると問題になっています。アメリカは即時停戦を求める安保理の決議で４回拒否権を行使し、５回目でようやく拒否権を行使せず「棄権」という選択をし、決議が採択されました。ただ、すでに戦闘開始から半年以上が経っています。停戦交渉がこれからどう進むか、見通しは立っていない状況です。

うーん。で、日本はどういう立場にいるの？

日本は２０２３年１月から安全保障理事会の非常任理事国となっていて、ほかの非常任理事国とともに即時停戦の決議案をまとめました。また日本政府として、ガザ地区の市民に食料を送ったり、保健分野での緊急人道支援として資金協力を実施しています。

ほかに動いてくれる国はないの？

過去の戦闘でも仲介役だったエジプトや、ハマスともイスラエルともつながりのあるカタールが停戦の交渉をおこないました。

さらに、グローバルサウスと呼ばれる主に南半球の新興国や途上国には、イスラエルの攻撃を強く非難し、パレスチナに積極的に関わろうとする動きがあります。たとえば戦闘がはじまってすぐ、戦闘の一時的な中断を求める決議案を安全保障理事会に提出したのはブラジルです。また、国際司法裁判所（ＩＣＪ）に軍事作戦の停止などを求めて提訴したのは南アフリカでした。

自分たちも植民地だった時代があるから、この状況をなんとかしようっていうことなのかな。

グローバルサウスの国々は、欧米が民主主義や人権を主張してきた同じ口で、明らかに国際法違反となるイスラエルのガザ攻撃を容認している矛盾を非難しています。この紛争のゆくえはまだ見えませんが、欧米が中心だった国際社会が大きく変化していく可能性があるかもしれません。

第5章まとめ

日本が戦争に突入する可能性

・日本をとりまく戦争のリスクとして、台湾有事や尖閣諸島における中国との衝突、北朝鮮有事が挙げられる。実際に戦争となる可能性は、いまの時点では不確かだが、日本は戦争を想定してアメリカやほかの国と連携しながら、軍事的な準備を進めているように見える。

・いま起きているウクライナとロシアの戦争においては、日本がおこなう経済制裁などに対してロシアは反発しており、日本との関係は「戦後最低レベル」と表現している。

・いま起きている戦争をどうにか止めようと、各国が制裁や支援、仲介などを試みているが、うまくいかない状況。戦争が長引くことで、戦争当事国を含めた各国間のパワーバランスが変化しており注意して見ていく必要がありそう。

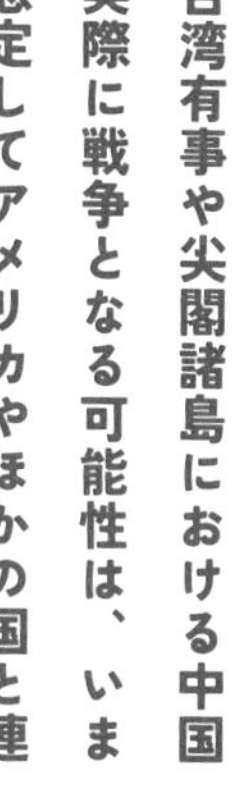

エピローグ

ここまで、いかがでしたでしょうか。

戦争とはいったい何なのか？　その歴史と現在の状況について、基本的な知識を少しでもみなさんに知ってもらえたら、この本が世に出た意味があります。

私たち個々の人間は、この世界を自分の力だけで動かすことはできません。神様ではないのですから当たり前ですね。しかし、「自分がいまどういう世界に生きているのか」を知ることはできます。そうすれば、いま世界で起きている戦争や危機について、一方の立場からだけでなく、「反対側の立場だったらどう考えるか」を想像することもできるようになります。

たとえば家で洗濯機を回すときにも、無数の「世界を知るきっかけ」はあります。この水はどこへ流れていくのだろう？　それは流れ着いた先でどんな影響をあたえるのだろう？　この衣服は誰がどんな思いでつくったのだろう？　目の前のモノゴトの背景に想像をめぐらせ、調べ、世界のあらましを知る。その積み重ねによってあなたの視野は広がり、世界の見え方が変わっていくはずです。

そんな日々を送る延長線上で、身近な人と世の中の疑問について対話したり、戦争で苦しむ人たちに共感を示したり、誰かの人生を軽んじようとする行為に「それはちがうと思う」と言ってみる。

みなさんそれぞれのそうした小さな一歩から、世界はよいほうに変われるかもしれない。長い人類の歴史を振り返ってみれば、個人個人のそうした営みの積み重ねがあらたな潮流をつくり、この世界を動かしてきたのもまた事実だからです。

いま世界は時代の転換期を迎え、大きく揺れ動いています。

「さすがに日本は、戦争なんてしないですよね⁉」という問いに、確実な答えを持っている人はどこにもいません。すぐ近くまで濁流が迫っていると感じる人もいれば、そうは思わない人もいるでしょう。大切なのは、その答えを知ることではなく、自分の頭で考え、情報をふるいにかけ、誰かと言葉を交わしながら自分自身の生き方の舵《かじ》をとることではないでしょうか。

本書を読んだあなたが、そうなってくれることを願っています。

西谷 修

西谷 修（にしたに・おさむ）

東京外国語大学名誉教授。1950 年愛知県生まれ。東京大学法学部、東京都立大学大学院、パリ第 8 大学などで学ぶ。フランス思想、とくにバタイユ、ブランショ、レヴィナス、ルジャンドルらを研究。明治学院大学教授、東京外国語大学大学院教授、立教大学大学院特任教授などを歴任。著書に『不死のワンダーランド』（増補新版、青土社）、『戦争論』（講談社学術文庫）、『世界史の臨界』『理性の探求』（岩波書店）、『アメリカ、異形の制度空間』（講談社選書メチエ）など。訳書にブランショ『明かしえぬ共同体』、レヴィナス『実存から実存者へ』（ちくま学芸文庫）など。監修にエティエンヌ・ド・ラ・ボエシ『自発的隷従論』（ちくま学芸文庫）などがある。

さすがに日本は、
戦争なんてしないですよね!?
そもそも戦争ってなんですか?

2024年7月31日　第１刷発行

監修者　西谷 修
企画・プロデュース　米津香保里（株式会社スターダイバー）

発行者　岩岡千景
発行所　東京新聞
〒100-8505　東京都千代田区内幸町2 -1-4
中日新聞東京本社
電話［編集］03 -6910 -2521
［営業］03 -6910 -2527
FAX　03 -3595 -4831

印刷・製本：株式会社シナノ パブリッシング プレス

イラスト：カトウゴウ／kato5
デザイン：大橋義一（GAD Inc.）
構成・編集：梅田 梓、南尾 優
校正：乙部淳悟

ISBN978-4-8083-1102-5 C0036